Yaşam Terapisi

DESTEK
yayınları

DESTEK YAYINLARI: 754
KİŞİSEL GELİŞİM: 159

BİRCAN YILDIRIM / YAŞAM TERAPİSİ

İmtiyaz Sahibi: Yelda Cumalıoğlu
Genel Yayın Yönetmeni: Ertürk Akşun
Yayın Koordinatörü: Özlem Esmergül
Editör: Devrim Yalkut
Kapak Tasarım: İlknur Muştu
Sayfa Düzeni: Cansu Poroy
Sosyal Medya-Grafik: Tuğçe Budak - Mesud Topal

Destek Yayınları: Şubat 2017 (3.000 Adet)
3.-4. Baskı: Mart 2017
5. Baskı: Haziran 2017
6. Baskı: Ağustos 2017
7. Baskı: Ekim 2017
8. Baskı: Aralık 2017
9.-10. Baskı: Ocak 2018
11. Baskı: Eylül 2018
12. Baskı: Kasım 2018
13. Baskı: Aralık 2018
14.-17. Baskı: Ocak 2019
18.-19. Baskı: Şubat 2019
Yayıncı Sertifika No. 13226

ISBN 978-605-311-212-9

Abdi İpekçi Caddesi No. 31/5 Nişantaşı/İstanbul
Tel. (0) 212 252 22 42 – Faks: (0) 212 252 22 43
www.destekdukkan.com – info@destekyayinlari.com
facebook.com/DestekYayinevi
twitter.com/destekyayinlari
instagram.com/destekyayinlari

Deniz Ofset – Nazlı Koçak
Sertifika No. 40200
Maltepe Mahallesi
Hastane Yolu Sokak No. 1/6
Zeytinburnu / İstanbul

Bircan Yıldırım

Bir sosyolog ve aile danışmanından...

Yaşam Terapisi

Aynada gördüğün sen misin
yoksa içindeki yabancı mı?

DESTEK
yayınları

Yazar Hakkında

Denizli'de doğdu. İlk ve ortaöğrenimini Almanya' da tamamladı. Daha sonra İzmir Buca Lisesi'nden mezun olan Bircan Yıldırım, Cumhuriyet Üniversitesi Sosyoloji bölümünü bitirdi. Mezun olduktan sonra Milli Eğitim Bakanlığı'nda kadrolu felsefe grubu öğretmenliğine atandı. Uzun yıllar öğretmenlik yaptı.

Beynimizin özellikleri, insan psikolojisi ve kuantum felsefesi alanına her zaman özel bir ilgi duymuş, araştırmalarının büyük çoğunluğunu bu alanda sürdürmüştür. Daha fazla bilgiye ulaşabilmek için birçok değişik şehirlerde farklı eğitim ve seminerlere katılan Yıldırım, uzun yıllar nefes, meditasyon teknikleri ve yaşam terapisi ile kendisini şifalandırmak amacıyla çalışmıştır. Enerji çalışmalarını büyük bir titizlikle ve sevgiyle her gün kendisine uygulamıştır. İçindeki çocukla kucaklaşmanın verdiği mutluluğun anlatılamayacağına ancak deneyimlenebileceğine ve bu keyifli keşif yolculuğunun bir ömür boyu devam edeceğine inanmaktadır. Daha çok insanı içindeki iyileşmeyi, sevgiyi bekleyen yaralı çocukla buluşturmayı ve gerçek mutluluklarını yakalayabilmelerini sağlamak en büyük hedefidir. "Kendini sev, hayatını sev!" Yıldırım'ın başlıca yaşam felsefesidir. Yıldırım aldığı tüm eğitimlerden elde ettiği sentezlerle Yaşam Terapisi'ni geliştirmiş ve danışanları üzerinde izlediği hızlı dönüşüm ve iyileşme sürecinden sonra en büyük hedefi "Yaşam Terapisi" tekniğini tüm dünyaya yaymak olmuştur. Yıllardır kendi ve danışanları üzerinde uyguladığı bu terapiyi özellikle nefes çalışmaları ile yoğun olarak desteklemektedir. Dünyada ve Türkiye'de ilk kez yazar tarafından kullanılan yaşam terapisi ile bireyin neşeye, ruhsal bütünleşmeye, iyileşmeye ve daha iyi bir hayata ulaşmanın yollarını bizlere "Yaşam Terapisi" teknikleri ile bu kitabında cömertçe sunuyor.

Instagram: @bircanyildirim_
Facebook: Bircan Yıldırım Sosyolog
Twitter: @bircanyildirim_
Web: www.bircanyildirim.com

Aldığı Eğitimler

Aile Danışmanlığı Eğitimi, Nefes Koçluk Eğitimi, Nefes Terapisi Eğitimi, Çocuk Nefes Eğitimi, Yaşam Koçluğu Eğitimi, Öğrenci Koçluğu Eğitimi, EFT (Duygusal Özgürleşme Tekniği) Eğitimi, Kuantum Düşünce Tekniği Eğitimi, Hızlı Okuma Eğitimi, Hafıza Teknikleri Eğitimi, Ho'oponopona Eğitimi, Kozmik Enerjiler Eğitimi, Reiki, Access Bars Eğitimi

Verdiği Eğitimler

Sertifikalı Yaşam Terapisi Eğitimi
İyi Hisset, İyi Yaşa
Kendini Sev, Hayatını Sev
Yaşam Terapisi ile Bilinçaltı Çalışması
İçimdeki Ben
Hayalimdeki Aşkı Yaratıyorum
Motivasyon İçerikli Eğitimler

Teşekkürler

Yazarın ilk kitabı demeden *Duygusal Zekâ* isimli kitabımı alan, 3. baskıya girmesine vesile olan, sosyal medya hesaplarımdaki uzun uzun her paylaşımımı keyifle okuduğunu, emojilerimi bile heyecanla beklediğini söyleyen, beğenen ve beni takip eden tüm dostlara sonsuz teşekkürler. İnanın yürekten söylüyorum: Sizler olmasaydınız bu kitabımı yazmaya asla cesaret edemezdim! Sizler benim ilham kaynağımsınız. İyi ki ama iyi ki varsınız.

Sevgiyle...

Önsöz

İnsan yavrusu anne memesinden ayrıldığından itibaren hep bir tamamlanma ihtiyacı ile yaşar. Bu tamamlanma ihtiyacını bazıları parada, bazıları kariyerde, bazıları da başarıda, kıyafette, yemekte ve farklı hazlarda ararlar. İşte bu tamamlanma ihtiyacına kendimizi en yakın ne zaman hissedersek "Mutluyuz!" diyoruz. Uzun yıllardır süren araştırmaların sonucuna göre insan mutluluğunun sırrının ne parada, ne başarıda, ne de başka hazlarda olmadığı açıklandı. İnsan mutluluğunun sırrının önce kendisi sonra diğerleri ve yaşamla sağlıklı ve nitelikli ilişkilerde olduğu kanıtlandı. İnsanın bu tamamlanma duygusuna en yakın olduğunu hissettiği anlar kendisi ile en iyi iletişimde olduğu anlardır. Yaşam boyu babamızla, çocuğumuzla, eşimizle, sevgilimizle, patronumuzla, akrabamızla, komşumuzla, sıra arkadaşımızla, yaşam döngümüze göre farklı farklı kişilerle farklı ilişkiler deneyimleriz. İlişkinin birinden kaçsak diğerinden kaçamaz yakalanırız. İnsanız nihayetinde ve diğerleri olmadan yaşayamayız. Çevremizde enerji vampiri dediğimiz kişilerden ne kadar kaçıp uzaklaşmamız gerektiği söylense de ya bu enerji vampirleri sevgilimiz, eşimiz, çocuğumuz veya anne babamızsa o zaman ne yapacağız? Hepsini bırakıp yine mi kaçacağız! Biraz başımız sıkışınca, canımız yanınca hemen bir ilişkiden kaçacak mıyız? İlişkilerden nereye kadar, ne zamana kadar kaçacağız? Kaçmadan, itişmeden, didişmeden, çekiştirmeden ilişkilerimizi yönetemez miyiz? Bir insan en çok kendisiyle zaman geçirir ve sohbet eder. Kendimizle olan ilişkimizi düzeltmeden hiç kimseyle olan ilişkimizi düzeltemeyiz! Kendisiyle iletişimi iyi olmayan bir birey ruhuyla olan tüm bağını koparmış demektir. Kendisiyle ilişkisi ve iletişimi düzelen bireyin yaşamındaki diğer kişilerle de olan ilişkilerinin zamanla değişmesi kaçınılmazdır. Tıpkı Vaveyla'nın yaşam hikâyesinde olduğu gibi. Kendisiyle kavga ve çatışma halinde olan Vaveyla zaman zaman içerisindeki çığlıkları feryatları yok sayıp bastırmaya çalıştı. Zaman zaman da içerisindeki bu çığlık ve isyanların sesleri o kadar yükseldi ki artık bu seslere hükmedemememeye başladı. Ta ki isyanlarını ve haykırışlarını kabul edip değişime izin verip kendisiyle samimi olana dek!

Elinizdeki kitap giderek yok olup giden günümüz insanına doyumsuzluk, mutsuzluk ve yalnızlıkla baş ederek akılcı yönünü harekete geçirerek huzurlu bir hayata kavuşabilmenin yollarını anlatıyor. Her insan doğarken yüreğindeki kendi içsel kılavuzuyla dünyaya gelir. Bu içsel kılavuzunda yaşamının birçok alanında nasıl sorunlarını çözümleyip mutlu olabileceğine dair şifreleri bulundurur. Bu şifrelere ise ancak Vaveyla gibi yaşamdan vazgeçmeyip akılcı yönüyle bağ kurabilenler başarabiliyor. İçerisindeki şifrelere ulaşan kişiler yaşamda başlarına ne gelirse gelsin ayakta kalarak yollarına her şeye rağmen devam edebilirler. Bu kitap, bizlere Vaveyla'nın kendi içsel şifrelerine nasıl ulaştığını ve akılcı yönü sayesinde şifreleri yaşamda kullanma yollarını kendi içsel kılavuzu ile kurduğu derin sohbet üzerinden zaman zaman yaşamında başından geçen olaylardan kesitler sunarak aktarıyor.

İnsanların yoksun olduğu birlik olmaya, kardeşliğe ve sevgiye doğru çekilmenin yollarını, ilahi düzenin kurallarını sarsıcı yöntemlerle ele alıyor. Bu kitap, bireyin mutluluğa, samimiyete, hayalindeki aşka, ruhsal iyileşmeye ve daha iyi bir hayata ulaşmasının yollarını sunuyor.

Yaşam Terapisi Nedir?

Yaşam Terapisi bireyin içindeki kötülüğü diğerindeki iyiliği kabul ederek savaşı durduracağı çok güçlü bir terapidir. Ayna kendiniz ile ilgili duygu ve düşüncelerinizi size geri yansıtır. Yaşamda nerede takılı kaldığınızı, nerede evet deyip uyumlu olduğunuzu anında fark etmenizi sağlar. Aynanız size bolluk bereket dolu, heyecanlı ve coşkulu bir yaşam için hangi düşünceleri değiştirmeniz gerektiğini açıkça ortaya koyar. Hak ettiğiniz ilişkiyi yaşamanıza engel olan eksik parçalarınızı görüp bütünleşip tamamlanmanızı sağlar. Birçoğunuz için ilk başta aynaya bakmak ne kadar zor olsa da bu çalışma sonucunda aynalarla dost olduğunuzu göreceksiniz.

Kitapta Logos ismi olarak adlandırılan bireyin akılcı yönünü harekete geçirip yaşamının sorumluluğunu almasını sağlamak terapinin en büyük hedefidir. Bilincimizi yansıttığımız dünyada ancak içimizdeki barışı Yaradan'ın aşkıyla sağlarsak deneyimleyebiliriz. İçimizdeki ortak bilinçlerin yansıması olarak dünyadaki çatışmaları, ötekileştirmeleri ve yargılamaları durdurmayı hedefleyen gölge dengeleme çalışmaları Yaşam Terapisi'nin en önemli parçalarındandır. Kısacası bütün dünya bizim içimizdedir. İlahi düzende her birimiz birbirimize bağlıyız. Herkes bu bütünün parçası olarak bizi etkiler ve biz de küçük değişiklik yaparak bütünü etkileyebiliriz. Dünya bizim içimizde ise o halde başkalarında gördüğümüz tüm karanlık ve aydınlık yönler de bizim içimizde mevcuttur. Bu diğerlerinde yansımalar olarak gördüğü gölgelerine önce sahip çıkmak sonra da olabileceği en iyi versiyonu olabilmek bireyin tekâmülünün bir parçasıdır. Tamamlanmaya yönelik olan terapinin amacı yargıladığı, eleştirdiği veya imrendiği diğerlerindeki yönlerini geri alıp "Ben O'yum" bilinci ile hak ettiği yaşamı deneyimleyebilmesidir.

Yaşam Terapisi, bütünlüğe ulaşma, tamamlanma çalışması olarak kurgulanmış, kişilerin derin bilinçaltı inançlarını keşfetmelerini sağlayan, bilincin değiştirilme çalışmalarıdır.

Yaşam Terapisi'nde uygulanan yüzleşme çalışmaları; sınırların aşılmasını, kalıpların kırılmasını, potansiyellerin ortaya çıkarılmasını, anlayış ve bilinç seviyesinin yükseltilmesini sağlar.

Çalışmada zihin dalgaları ayna kullanılarak ve nefes teknikleri ile teta seviyesine getirilerek bilinçaltı açığa çıkarılır. Çalışmayı konuşarak yönlendiren terapist, terapi yapan kişi ile sözleriyle bağlantı halindedir. Terapist, danışanının bilinçaltı açık hale gelmiş olması nedeniyle, asla olumsuz ve farklı algılanacak bir cümle kurmaz.

Sesin, dağda yankılanıp, sana nasıl dönerse; evrene verdiklerin ve yaptıkların da, sana aynen geri döner! Zihninden geçen düşünceler ayın önündeki bulutlar gibidir. Dünyanı karartabilir de renklendirebilir de! Peki sen dünyanı renklendirmeye ve hak ettiğin bolluk nefesini Yaşam Terapisi ile almaya hazır mısın?

Yaşam Terapisi'nin Etkin Olduğu Alanlar

1) Bilinçaltı çöplerinin temizlenmesi

2) Bilinçaltındaki korku ve endişelerin giderilmesi

3) Nefes teknikleri ile birlikte uygulanmasından dolayı hormonların aktive edilmesi ve dengelenmesi

4) Yaşamdaki sorumluluğunu alıp kurban bilincinden çıkış

5) Kendisiyle ve diğer kişilerle ilgili ilişkileri düzeltmek

6) Bolluk ve bereket oluşturmak

7) İlahi düzenin mükemmel dengesini kavrayıp, kaderi iyileştirmek

8) Karma çözümü

9) Bilinç ve farkındalık gelişimi

10) Yaradan'la bağ kurup yalnızlık duygusundan özgürleşmek

11) Zihnimizin yönetimini otomatik pilot olan ilkel beyinden devralıp düşünen beyni (serabral korteksi) güçlendirmek

12) Duygusal anlarda kendisini sıkışmış ve kötü hissettiğinde içindeki çocukla iletişime geçişi sağlayıp, kendi akılcı yönünü kullanma becerisini kazanmak

13) Hayalindeki aşkı gerçekçi sınırlarla deneyimleme gücü

14) Mucizenin kendisinin olduğunun bilinciyle baktığı her şeyde Yaradan'ın yansımasını görmek, mucizeleri görmeyi seçmek

Yaşam Terapisi Seansı Nasıl Uygulanır?

1. Aşama: Bilgilendirme ve Hazırlık Çalışması

Çalışmanın bu aşamasında katılımcılara çalışma hakkında bilgilendirme yapılır. Rahatlama, yüzleşme ve tamamlanma bölümlerinden oluşan 3 aşamalı çalışmanın her bir bölümünde neler yapılması gerektiği anlatılır. Katılımcının kendisine, diğerlerine ve yaşamına dair farkındalığın artırılması için çeşitli testler uygulanır. Bu testler sonucunda bireyin yaşam haritasının neresinde olduğuna dair farkındalık elde ederken, geleceğine yönelik gerçekçi hayallerinin çerçevelemesi yapılır.

2. Aşama: Yaşam Terapisi Seansı

1) **Rahatlama:** Katılımcılar göz hareketleri ve nefes teknikleri ile rahatlatılıp zihin seviyeleri betadan alfaya getirilir. Derin soluma çalışmaları sonucu bilinç sınırları ortadan kalkar bilinçaltına erişilebilir hale gelinir.

2)**Yüzleşme: a.** Katılımcılar nefes teknikleri ile ellerindeki aynalara yansıyan kendi gözbebeklerine yönlendirilip içlerindeki çocukla derin bağ kurmaları sağlanır. **b.** Anne karnından başlayarak yavaş yavaş şimdiki yaşına getirilen katılımcı bu süreçte derin affetme çalışmalarına yönlendirilir. **c.** Bu süreçte içindeki çocuk adım adım iyileştirilerek bireyin kendisine ebeveynlik yapması sağlanır. **d.** "Kişinin kendi hakkındaki görüşlerinin" izlenip değerlendirilmesi yapılır. **e.** Katılımcının "başkalarının kendisi ile ilgili görüşlerine yönelik algısının" izlenip değerlendirilmesi yapılır.

f. "Başkalarının gözünde neysem, oyum!" ile ifade edilebilen etkileşimci inancın yapıcı inançlarla değiştirilmesi. Bu inançların soğanın kabuğunun soyulup ortasındaki en değerli parçaya ulaşılmaya çalışılması gibi kendi benliğinde de bu inançların tek tek soyulup kaldırılıp özüne, içindeki çekirdeğe yani içindeki güce ulaşılmaya çalışılması.

3) **Tamamlanma: a.** Bireyin Yaşam Terapisi ile kendisini sevmesi sağlanır. **b.** Katılımcının aynadaki ile arkadaş olmasının sağlanması. **c.** Katılımcının kendisi ile konuşmasının gözlemlenmesi. **d.** Katılımcıların özsaygılarının inşa edilmesi. **e.** Katılımcıların içsel eleştirilerinin serbest bırakılması. **f.** Katılımcıların içlerindeki çocuğu sevmelerinin sağlanması. **g.** Katılımcıların bedenlerini severek, acılarını iyileştirmelerinin sağlanması. **h.** Katılımcıların kendilerini daha iyi hissetmeleri için öfkelerini serbest bırakmaları. **ı.** Katılımcıların korkularının üstesinden gelmelerinin sağlanması. **i.** Katılımcıların yeni güne sevgiyle başlamalarının sağlanması. **j.** İlişkilerin iyileştirilmesi. **k.** Stressiz yaşamın basamakları. **l.** Bolluk ve bereketi alma çalışması. **m.** Şükretme terapisi. **n.** Zihnin yönetiminin otomatik pilot olan ilkel beyinden devralınıp düşünen beyni (serabral korteksi) güçlendirmek. **o.** Ayna nöronların istenen yönde ayna karşısında harekete geçirilmesi. **ö.** Yaradan'la bağ kurma ve sınırlarını kaldırıp özgürleşme süreci.

YAŞAM TERAPİSİ

Aynadaki yansımama bakıyorum. İçimdeki aydınlık yerini gittikçe yeraltına özgü bir karanlığa bırakmış. Varlığımı ne artık geçmişle ne de henüz olmamış gelecekle bütünleştirebiliyorum. Bedenim ağırlaştıkça ağırlaşıyor. Zorlu bir mücadelenin içerisindeyim. İnancımı kaybetmiş, kör dipsiz kuyularda, kuşkunun, kaygının, acının pençesindeyim. Korkularımın bende açtığı yaralar giderek derinleşiyor. Hayat azap veriyor. Adeta cehenneme yolculuk ediyorum, cehennemin kendisi oluyorum. Her şey bulanık ve karmakarışık. Ruhum kapana sıkışmış ve ben ahmakça kıvranıyorum. Zehir gibi yayılan ölüm korkusunun esareti altındayım. Ruhum acıyor ve biliyorum bu benim içsavaşım!

Hayatımda ilk defa kendimle yüzleşmeye karar verdim. Gözlerimi usulca çevirip, güçlükle aynaya bakmaya çalıştım. Şimdiye kadar buna hiç cesaret edememiştim. Gözlerime hiç bu kadar yaklaşmamıştım. Tüm dikkatimi toplayıp gözlerimin içine bakıyorum ve haykırıyorum en sonunda: Kimsin sen! Kimsin!

Kaslarıma kramp giriyor, kaskatı kesiliyorum. Artık kaçmama izin yok. Kaçmıyorum, hayır! Bu sefer kaçmak yok. Artık dönüşü olmayan bir yola girdim!

Aynadaki yansımama bakıyorum, heyecanla atan kalbimi duyabiliyorum şimdi, kaçırmaya çalıştığım, ürkmüş tedirgin bakışlarımı yakalıyorum ve oradan içeri giriyorum.

O sırada derinlerden gelen belli belirsiz bir ses duyuyorum: "Vaveyla, Vaveyla..." Bu da neyin nesi? Bu ses de nereden geliyor? Dikkat kesilip dinlemeye başlıyorum. Yanılıyor olamazdım. Birisi bana sesleniyordu. Orada benden başka kimse yoktu. Sesin nereden geldiğini anlayamadım. Daha önce benim hiç duymadığım bambaşka bir ses benimle bağlantı kurmaya çalışıyordu sanki: "Vaveyla!... Vaveyla!..."

VAVEYLA: Bu ses de kime ait? (Gözlerinin içine bakmaya devam ederek ve tüm cesaretini toplayarak sordu.) Sen de kimsin? Bana hiç tanıdık gelmiyorsun. Benden ne istiyorsun?

LOGOS: Sadece sana yardım etmek isteyen biri diyelim şimdilik.

VAVEYLA: Aman Allahım, olmayan sesler mi duymaya başladım? Bir rüya mı görüyorum? Deliriyor muyum yoksa? Kafam karmakarışık. Ne konuşacak kelimeler bulabiliyorum ne de hareket edebiliyorum. Burası çok soğuk, üşüdüm biraz, ne oluyor bana?

LOGOS: Burada kal biraz benimle zaman geçir. Kaçma benden hemen. Kim olduğumu ve ne demek istediğimi zamanla anlayacaksın. Zamanın akışına teslim et kendini!

VAVEYLA: Ne demek istediğini tam olarak anlamıyorum.

LOGOS: Neden hiç mutlu değilsin? Neden bu kadar kendine ve yaşama öfkelisin?

VAVEYLA: Sen ne tuhaf bir sessin. Benim mutlu olmadığımı ve öfkeli olduğumu da nereden çıkartıyorsun?

LOGOS: Korkudan zihninin karıncalandığını nefesinin hızlandığını hissediyorum. Dur sakin ol biraz. Korktun mu yoksa benden?

VAVEYLA: Korkmadım dersem yalan olur. Evet korkuttun hem de şaşırttın beni. Sen de nereden çıktın şimdi? Zaten benim derdim bana yeter! Bir de seninle hiç uğraşamayacağım.

LOGOS: Dur biraz sakin ol.

VAVEYLA: Ne istiyorsun benden? İstediğin şeyin ne olduğunu söyle ve çekil yolumdan!

LOGOS: Ah Vaveyla ah!...

VAVEYLA: Bu samimiyet de nereden geliyor? Hem benim ismimi nereden biliyorsun? Peki şimdiye kadar neredeydin? Benimle konuşmak için neden bu anı bekledin? Of kafamı çok karıştırdın. Sesin hem hoşuma gitti hem de beni çok korkuttu.

LOGOS: Ben hep buradaydım. Ancak sen hep benden kaçtın. Kaçtığın sürece benimle karşılaşamazdın ki. Sen şimdi tüm cesaretini topladın korkularının üstüne gittin ve benimle tanıştın. Benimle zaman geçirmeye devam edersen korkulacak bir şey olmadığımı daha da iyi anlayacaksın.

VAVEYLA: Nasıl yani, sen hep buradaydın ve ben bunu fark etmedim mi? Buna inanmıyorum. Bu gerçekten çok saçma.

LOGOS: Bunu zamana bırak. Zamanla her şeyi çözeceksin. Bu kadar sıkıntı çekmenin sebebi, beni hiç duymaman. Benden hep kaçman. Hatırla, yaşamda her şey olması gerektiği zamanda ve olması gerektiği gibi olur. Senin beni ilk kez şimdi duymanın bir tesadüf olduğunu mu düşünüyorsun? Yaşamda hiçbir şey tesadüf değildir.

VAVEYLA: Bilmiyorum, hiçbir şeye anlam veremiyorum. Kendime ve yaptıklarıma bile anlam veremezken senin bu anlattıklarına nasıl anlam verebilirim ki? Sesin bana iyi geldi ama kafamı da karıştırdı. Sen şimdiye kadar neredeydin gerçekten?

LOGOS: Bunun cevabını sana daha önceden de verdim. Ben hep buradaydım. Sen beni duymamakta oldukça ısrarlıydın. Şimdi senden biraz sabretmeni istiyorum. Olur mu? Zorlayarak çiçekleri meyveye dönüştüremeyeceğin gibi hayatta da istediğin her şeye hemen ulaşamazsın. Sürekli çiçeğin elmaya dönüşmesini izleyerek, onu çekiştirerek, sıkıştırarak gelişim sürecini hızlandıramazsın. Sonra onun doğasını bozmaya çalışıp zorlayarak siyah, mavi ve mor elma da elde edemezsin. Yaşamın birtakım kuralları vardır. Bunları öğrenmelisin. Öncelikle sabırlı olmayı öğrenmelisin. Şimdi sabret ve bekle, zihnindeki birçok sorunun cevabını zamanla bulacaksın. Benim kim olduğumu da öğreneceksin!

VAVEYLA: Tamam ama sana neden güveneyim ki?

LOGOS: Haklısın, zihnin sana o kadar çok oyun oynamış ki. Hâlâ da oynamaya devam ediyor. Zihninin esiri olmuşsun. Zihnin sana sürekli oyun oynuyor. Seni sen yönetmiyorsun, anlasana! İçindeki sesler başıboş kalmışlar. Yüreğinin sesini duymayı tamamen unutmuşsun. Duygularını, hislerini, ruhsal varlığını yok sayıyorsun. Yaşama biraz teslim olsan. Kaybedecek bir şeyin yok. Zaten mutsuzsun, yaşamdan zevk almıyorsun öyle değil mi? Belki beni dinleyerek bu girdaptan kurtulabilirsin. Söyler misin, kaybedecek neyin var? Hayalete dönmüşsün farkında değil misin? Bedeninin gittiği yere zihnin gitmiyor. Her şeyi çekiştirdiğin gibi zamanı da çekiştiriyorsun.

VAVEYLA: Galiba haklısın. Kaybedecek neyim var ki?

LOGOS: Ne kadar zor durumda olduğunu biliyorum. Sana yardım etmek istiyorum. Ancak birtakım kurallarım var. Eğer bu kurallarımı kabul edersen burada kalıp sana yardım edeceğim. Yok kurallarını kabul etmiyorum dersen de çekip gideceğim.

VAVEYLA: Daha senin kim olduğunu bile bilmeden bana kurallarından bahsediyorsun. Amacın ne senin tam olarak Allah aşkına?

LOGOS: Evet burada kalmamı istiyorsan benim bazı kurallarımı kabul etmek zorundasın. Söylediğim gibi kabul etmiyorsan giderim.

VAVEYLA: Zaten diplerdeyim, sonlardayım, daha fazla yorma beni. Görmüyor musun nefes almakta bile nasıl zorlandığımı? İçim adeta bir kördüğüm oldu. Bana gerçekten yardımcı olmak istiyorsan çöz hadi düğümlerimi!

LOGOS: Düğümlerini ben çözemem, onları ancak sen çözebilirsin. İzin verirsen ben sadece bu yolculuğunda yönünü bulabilmen için arkadaşlık edebilirim. Düğümlerini çözmem için sana yardım etmemi istiyorsan iki şeyi kabul etmen gerekiyor. Birincisi evrene sorular sorarak yaşamını sorgulamalısın. İkincisi ise yaşamdan almak istediklerin için bedel ödemek zorundasın. Bunları baştan kabul ediyorsan sana yardım etmek için elimden geleni yapmak üzere burada seninle kalacağım. Ancak bunları kabul etmiyorum diyorsan o zaman zaten benim sana yardımcı olmam mümkün olmadığı için çekip gideceğim.

VAVEYLA: Ne yani şimdi seninle bu konular hakkında pazarlık mı yapmamı istiyorsun?

LOGOS: Evet buna bir nevi pazarlık da diyebiliriz. Neden olmasın?

VAVEYLA: Benim tam olarak ne kazancım olacak bu pazarlıktan?

LOGOS: Hiç mucizelere inandığın oldu mu? Veya bir mucizeyi düşlemenin gizli keyfini tattın mı?

VAVEYLA: Bir zamanlar evet. Ancak uzun zamandır kesinlikle hayır.

LOGOS: Seni mucizelere götürecek sihirli bir güç olarak düşünebilirsin beni. Ne dersin? Bu hoşuna gitmedi mi?

VAVEYLA: Gene saçmaladın. Ne demek yani şimdi bu?

LOGOS: Hayatta en çok istediğin şeyin ne olduğunu düşünüyorsun?

VAVEYLA: Yaşamımda bir sürü belirsizlik var. Bir bakıyorum da şu koca dünyada ben ne yapıyorum, köklerinden ve göğe uzanan dallarından koparılmış bir ağaç gövdesi gibi yaşamın orta yerinde öylece kalakaldım, insanoğlu ne halde, benim yaşamım nereye kadar ve ne olacak gibi saçma sapan sorularla zihnimde boğuşurken bir de seninle hiç uğraşamayacağım. Bu yüzden senin çıkıp buradan bir an önce gitmeni istiyorum!

LOGOS: Pekâlâ beni birazdan buradan uğurlayabilirsin. Ancak arkamdan bakarken bunun senin en zor vedan olacağını ve tadıma bakmadığın için pişmanlığını asla unutamayacağını sana hatırlatmak isterim!

VAVEYLA: Of sen de amma pazarlıkçı çıktın. Tamam biraz kal. Bunca söylediğin şeyden sonra seni nasıl gönderebilirim ki?

LOGOS: O halde başlıyoruz, kaybedecek zamanımız yok çünkü. Merak etme bu ağacın kökleri toprağa güvenle tutunacak ve dalları göğün en üst katmanlarına coşkuyla yükselecek. Bu dünyada artık bir yabancı olmayacaksın. Yaşam yolculuğuna ruhunla ve aklınla güçlü köprüler kurarak devam edeceksin. Ruhun aktif, kanatlı, hareketli, canlandırıcı, uyarıcı, kışkırtıcı, ateşleyici ve ilham verici olarak her geçen gün daha da yükselecek. Tüm bunlar sence de çok heyecanlandırıcı değil mi? Hadi şimdi bana kendinden bahset biraz.

VAVEYLA: Şu anda kendimi o kadar hareketsiz ve cansız hissediyorum ki anlattıkların bana çok uzak geliyor. Senin dediklerinden başka çarem olmadığı için ne dersen yapmaya hazırım. Başlayalım o halde! Ben 38 yaşında, evli, üç çocuğu olan bir bankacıyım. Eşim avukat ve Ankaralı, ben ise İstanbulluyum. Çocuklarımdan büyük olan 12 yaşında, ismi ise Arda. Merve 4 yaşında, Zehra ise 7 yaşında.

LOGOS: Bunların hiçbiri beni ilgilendirmiyor. Bana içdünyanda olup bitenlerden bahset lütfen!

VAVEYLA: Kendimi sorgulanıyormuşum gibi hissettim.

LOGOS: Yaşam sürekliliği olmayan geçici sığınaklarla ve belirsizliklerle dolu bir yolculuktur. Benden öğreneceğin şeyler kalıcı olacak merak etme. Bu yüzden içdünyanda neler hissettiğini anlat bana Vaveyla hadi!

VAVEYLA: Sen uykusuzluk nedir bilir misin? Nasıl anlatayım sana? Nereden başlamalıyım bilmiyorum. Şeytanla bile anlaşma yapamayacak durumdayım, anlıyor musun? Gece ıslak yastığına başını koymanın "Yarını nasıl geçireceğim, nasıl ayakta kalacağım?" diye korkuyla uyumaya çalışmanın ve geceleri yalnızlıktan karanlıkta kaybolup boşluğa yürümenin ne demek olduğunu bilir misin? Hayatta hiçbir şeye ve hiç kimseye güvenememenin ağırlığını yüreğinde hissedebilir misin? Yaşamla ölüm arasında gidip gelen ve yaşama artık tutunamayan birisiyim ben anlıyor musun beni?

LOGOS: Devam et, ruhunun en derinlerinde kanayan yaralarından acılarından bahset. Bana neler hissettiğini anlat, anlat Vaveyla! Hadi devam et ve anlat!

VAVEYLA: Ölüyorum anlasana! Ben işkenceler içinde kıvranıyorum, mutsuzluktan ölüyorum. En acı veren, en zor, en kurtulmak istediğim ama ne yaparsam yapayım kurtulamadığım duygularla boğuşuyorum. Boğuştukça batıyorum, battıkça boğuluyorum... Yok oluyorum anlasana. Eriyip giden bir kar tanesi gidi eriyip gidiyorum, yok oluyorum ve kimse bunu görmüyor, duymuyor, hissetmiyor. Acıyor yüreğim çok acıyor.

LOGOS: Senin için buradayım. Kendi doğrularımı sana empoze etmek için değil, değerlerine, inançlarına yeniden ulaşabilmen için buradayım. Ne yaşamış olursan ol, ne söylersen söyle, bana ne anlatırsan anlat, seni eleştirmeden yargılamadan, seni olduğun gibi kabul ediyorum. Tüm varlığımla buradayım ve seninleyim. Seni dinlemek, daha da ötesi duymak için buradayım!... Neden bu kadar çok mutsuz olduğunu düşünüyorsun? Duygularını şefkatle dinliyorum hadi anlat bana...

VAVEYLA: Bu sorunun cevabını keşke bilseydim. Tek bildiğim ölümü kendime nefesim kadar yakın hissetmem.

LOGOS: Sana doğru sevgiyle bezenmiş rengârenk bir kelebek uçuruyorum. Benimle birlikte mutlu olmaya ve hayata meydan okumaya davet ediyorum seni! Sevgimin ve samimiyetimin sesini duyuyor musun? Birliğin ve bütünlüğün işaretlerine yürüyerek yaşam yolculuğuna benimle devam etmeye hazır mısın Vaveyla?

VAVEYLA: Bu denli acı olan kaderimde mutlu olmam mümkün mü sence? Sevgisiz umutsuz olan şu yüreğimde bir ışığın yanmasını ben de istemez miyim sanıyorsun?

LOGOS: Kendine karşı ne kadar zalim davranıyorsun ve yüreğini acıtıyorsun! İsra Suresi 13. ayeti biliyor musun?

VAVEYLA: Hayır bilmiyorum. Duymadım daha önceden hiç. İçimdeki yalnızlıklarımla, ayrılıklarımla, hüzünlerimle yani yeryüzünün tüm acılarıyla terk edilmişim ben bu dünyaya görmüyor musun halimi?

LOGOS: İsra Suresi 13. ayet şöyle der: "Biz her insanın kaderini; kendi çabasına bağlı kıldık." İçine dön hadi! Vaveyla, ruhuna hayat ver! Hiçbir şey için geç kalmadın.

Yüreğin acıyı hissediyorsa üzülme hâlâ insansın demektir!

Ben senin zihninin karanlık odalarına ışık tutacağım. Eksik parçalarını birlikte tamamlayarak seni mutluluğa götürecek yüreğinin sihirli kelimelerine ulaşacağız. En derin yaralarını iyileştiren sihirli kelimelerin senin yaşam anahtarların olacak.

Güven bana, benimle kendi benliğinin keşfedilmeyi bekleyen alanlarına ulaşacaksın!

21. yüzyılda yaşıyorsun ve istediğin kadar film izle, eğitim al, diplomalara sahip ol, spor yap, sağlıklı beslen, ruhunla bağ kurup, aklını kullanıp ilişkilerini yönetmeyi öğrenemediğin sürece mutlu olamazsın! Yunus Suresi 100. ayette "Allah pisliği akıllarını kullanmayanların üzerine yağdırır" kelimeleriyle tam da bu ifade edilmeye çalışılmıştır. Akılını kullan Vaveyla! İstediğin eve, arabaya, mücevherlere, ayakkabılara, eşyalara, sınırsız kredi kartlarına sahip ol; aklını kullanmazsan içsel huzuru yakalayamazsın.

Çünkü yaşam sürecinde beynimiz, istek ve amaçlarımız da yön değiştirdi. Bunlar tüm hızıyla değişmeye devam ediyor uyan! İnsan beyni büyük bir hızla değişiyor diyorum Vaveyla! Bunun ne kadar önemli bir şey olduğunu görebiliyor musun? Sizler bunlara sahip olabileceğinizi düşünerek yıllarca kendinizi parçaladınız. Mutlu oldunuz mu, mutlu musunuz peki? İşe yaradı mı tüm bunlar? İşe yaramadığı belli ki savaşlar çıkıyor, birbirinizi aldatıyor, ilişkilerinizde sorunlar yaşıyorsunuz öyle değil mi? Her geçen gün intiharların, antidepresan kullanımlarının, cinayetlerin, tecavüzlerin sayısı giderek artıyor. Artık ticari amaçlı, yapmacık, doğallıktan uzak yapılan reklamlar, kendini şişirmeler, övmeler, ön plana çıkarmaya çalışmalar, parayla satın alınan güç işe yaramıyor farkında değil misin? Kimse aptal değil ve insanlar büyük bir hızla uyanmaya devam ediyor! İnsanlar artık bunlara inanmadığı gibi dalga geçiyor! Artık kimse seyirci olmak istemiyor, herkes oyuncu olmak, kendi oyununu oynayıp göstermek istiyor! Ancak artık izleyici kalmadı, herkes izlenmek istiyor. Bu da kendinle duygusal bağ kurup aklını kullanman ile ancak mümkün. Bütüne hizmet edecek şekilde kendi "yaşam felsefeni" oluşturmalısın! İşte önce kendinle sonra diğerleriyle iletişime geçip, seyirci olmaktan çıkıp kendi oyununu, kendi müziğini, kendi dansını üreterek, kendi içindeki cevheri ortaya çıkarabilirsin. Gerçekçi bir içsel kılavuza benimle birlikte erişip bilinçaltının karanlık odalarına girecek, ruhun duymadan iyileşeceksiniz!

Hadi kendinle kucaklaşıp samimiyetini artırmaya hazır mısın? Peki ya kendinle şöyle keyifle, az şekerli, bol köpüklü kahve içmeye ne dersin? Merak etme sonra kahve dostların çok olacak!

Hepimiz yaşamla bağ kurup mucizeleri görme potansiyeline doğuştan sahibiz. Burada bütün mesele bu potansiyelini nasıl harekete geçireceğini öğrenmende. Hadi benimle gel ve öğren!

Bu dünyada yalnız olmadığını bileceksin ve bu sana iyi gelecek!

İnsanlar benim için ne der demekten vazgeçip hayatı bir çocuk heyecanıyla yaşamaya hazır mısınız?

Tek bir formülü yok bu hayatın! Yolculuğunda önce kendinle sonra diğerleriyle samimi, içten, şefkatli ve saygılı davranmaya hazır mısın?

VAVEYLA: Sana güvenip kendime bir şans daha vermek isteyip istemediğimi bile bilemiyorum. Yüreğim hiçbir güveni, sevgiyi ve umudu taşıyamayacak kadar ağırlaştı. Ayrıca dünya çok acı verici bir yer. Yaşamda kalarak ben tarihin konusu olmaya devam etmek istemiyorum.

LOGOS: Hadi bana yüreğini teslim et, güven bana! Birlikte umuda, sevgiye ve aşka yelken açalım. Senin bana kendini anlatmanı istiyorum. Kendi kelimelerinle kendi duygularını. Anlatmadığın dile getirmediğin olaylar ruhunda daha güçlü düğümler oluştururlar. Yaşadığın olayları anlatmaya, ifade etmeye başladıkça düğümlerin çözülmeye başlayacak. Zihninde donup kalmış resimler çözülecek. Anlattıkça çözülecek, çözüldükçe iyileşeceksin. İşte bu yüzden anlatmanı istiyorum. Anlattıkça benimle bağ kuracaksın anlıyor musun? Benimle bağ kurmanı istiyorum. Bu kurduğun bağı da güçlendirmeni! Hadi Vaveyla hadi, güven bana!...

VAVEYLA: Benimle çok içten ve samimi konuşuyorsun bunu hissediyorum. Kendimi sana anlatmayı deneyeceğim. Bunu ne kadar başarabilirim bilmiyorum ama deneyeceğim.

LOGOS: Evet bu harika! Bütün amacım yaşadığın o korkunç yıllara rağmen içindeki umutsuzluk döngüsünü kırabileceğini sana göstermek. Bunu yapabilecek güce sahipsin Vaveyla! Sana inanıyorum, bunu yapabileceğine gerçekten yürekten inanıyorum.

Söylediklerimi daha iyi anlayabilmen ve içselleştirebilmen ancak kendinle yüzleşip duygularını ifade etmenle mümkün. İçinde bulunduğun durumu ancak yaşadıklarına karşı farkındalıklar geliştirerek, zaman zaman soru sorarak ve algını değiştirerek değiştirebilirsin. Senin en büyük hatan zihnindeki soruları kendine, başkalarına sorman veya bastırmaya çalışmandır. Oysaki kendini ancak evrene soracağın sorularla tanıyabilir ve geliştirebilirsin. Öğrenmen gereken en önemli adım bu. İçindeki hiçbir duyguyu bastırarak da onu yok edemezsin. Aksine bu o duyguyu daha da büyütmene sebep olur ve öyle de oldu zaten. Bastıramadığın anlarda da hep cevabını başkalarında aradın. Kimse sen değil Vaveyla! Hiç kimse senin tam olarak ne istediğini ve ne hissettiğini bilemez! Anlıyor musun beni? Evrene soru sormadığın sürece içindeki soruların cevabına ulaşamazsın. Kendine sorduğun sürece hep kısırdöngü yaşarsın. Döner dolaşır aynı yere gelirsin. Başkalarına sorularını sorman ise seni zamanla daha da köleleştirir. Başka zihinlerin tamamen kölesi haline gelirsin. Anlıyor musun? Sınırlarını kendin koyamaz, kendini yönetemezsin. Başkalarının cevaplarıyla yaşayarak kendi doğrularını bulamazsın. Kendi hikâyeni yazamaz hale gelirsin. Kendi hikâyeni yaratma yolların kapanır. Kendi hikâyeni yazabilmen ve bu hikâyenin başrol oyuncusu olarak oynayabilmen için başka zihinlerin tutsaklığından kurtulman gerekir. Bunun başlangıç noktası da evrene soru sormandır. Evrene sorular sorarak benimle bağ kuracaksın. Sana en iyi geleni ancak benim aracılığımla sen bilebilirsin. Böylece senin için en doğru yolu kendin bulacaksın. İncinmeden, doğana uygun ve zorlanmadan. İlahi düzende mükemmel bir denge vardır. İlahi düzen sizlerin sorularını cevaplamak üzere dizayn edilmiştir. Başına gelmesini istediğin şeyleri "Nasıl, merak ediyorum, acaba?" şeklinde evrene sor. Evren hemen senin sorularının cevabını sana getirmek ve deneyimletmek üzere harekete geçecektir. İlahi düzen hiçbir sorunu cevapsız bırakmaz. İnsanların kendilerini bu denli çıkmazda hissetmelerinin sebeplerinden bir tanesi de budur. Çok büyük bir aşkları vardı nasıl da bitti. Adam ne kadar zengindi nasıl da battı. Neden mutsuz acaba? Allah Allah çok çalışmıştı, nasıl kazanamadı? Bu gibi sorduğun soruların nasıl olduğunu deneyimletmek için ilahi düzenin sonsuz bir gücü var desem, yine de sorar mısın bu soruları? Sormazsın öyle değil mi? İlahi düzen senin için çalışır. Senin sorduğun sorunun içeriğine ve senin için uygun olup olmadığına bakmaz. Onu deneyimlemek istediğinden yola çıkar ve sonuna kadar sana hizmet eder. Peki ne yapacaksın? "Aaa nasıl bu kadar zengin olabiliyor? Acaba ben de mutlu bir aşk yaşayabilecek miyim? Sınavlarda derece yapanlar acaba bunu nasıl başarıyorlar? Mucizeleri acaba nasıl deneyimliyorlar, çok merak ediyorum..." gibi başına gelmesini istediğin şeyleri ilahi düzene sormalısın. Merak etme ilahi düzen en kısa sürede sana bunları deneyimletecektir. Sana daha birçok şey öğreteceğim. Kendi hikâyeni yazmak ve bu hikâyenin gerçekten başkahramanı olmak istiyorsan öncelikle akıllı sorular sormalısın. Ancak bu şekilde el ele yürüyüp güçlenebiliriz.

VAVEYLA: Tamam! Sana artık güveniyorum. İstediğin her şeyi yapmaya hazırım. Sana gerçekten çok ihtiyacım var. Lütfen bana yardım et.

LOGOS: Harika! İleride bu seçiminle hayatının en doğru kararını verdiğini anlayacaksın. Kısa süre içerisinde benden çok şey öğreneceksin. Çünkü şimdi benimle zaman geçirmeyi kabul etmeseydin ileride çok daha ağır bedeller ödeyecektin.

VAVEYLA: Bunu göze alamam. Daha büyük bedeller ödeyecek gücüm yok benim.

LOGOS: Hayatında nedenini bilmediğin darbeler yiyorsun. Çırpındıkça daha çok batıyorsun. Sana yardım edecek ve neler olduğunu anlamanı sağlayacak bir dosta çok ihtiyacın var. Ruhun gece evinden kaçıp giden bir kedi gibi çekip gitti senden. Bu yüzden içinde hiç enerji kalmamış, keyifsiz, melankolik, cesaretsiz ve güçsüz hissediyorsun. İçinde hiçbir kıpırtı olmadığı için kendini bu kadar ağır bir yük gibi hissediyorsun. Zihnin sana yeniden güçlenip enerji toplaman için oyun oynadı ve ruhunu çaldı. Merak etme ilahi düzenle iletişime geçmeye başladığın anda Yaradan'dan sana yaşam enerjin oluk oluk akmaya başlayacak. Bunun için burnundan derin, çok derin bir nefes alman ve nefesini tutarken "Yaradanım senin enerjinle içim yaşama sevinciyle doluyor. Gücümü ve enerjimi şimdi senden alıyorum" demen ruhuna inanılmaz bir huzur getirecektir. Ruhun yeniden sana gelecek ve ruhunla bağın güçlenerek kendinle ve tüm yaşamla dost olacaksın.

Sana çok hoşuna gideceğini düşündüğüm ve farkındalık yaratacak bir hikâye anlatmak istiyorum:

Bir bilge, bir göletin başında oturmaktadır. Susuzluktan mahvolan bir köpeğin devamlı olarak gölete kadar gelip tam su içerken kaçması dikkatini çeker. Köpek susamıştır ama gölete her gelişinde sudaki yansımasını görüp korkar ve suyu içmeden kaçar. Sonunda köpek susuzluğa dayanamayıp kendini gölete atar ve kendi yansımasını görmediği için suyu içer. O anda bilge şöyle düşünür: "Bir insanın istedikleri ile arasındaki en büyük engel, çoğu zaman kendi içinde büyüttüğü korkulardır. İnsan bunları aşarsa, istediklerini elde edebilir."

VAVEYLA: Çarpıcı, çok çarpıcı bir hikâye. Bir anda tüylerim diken diken oldu. Ben kendimden mi kaçıyorum ve korkuyorum yani! Bir yerde kendimin de düşmanıymışım gibi hissettim. Galiba bunu söylemek istiyorsun. Şimdiye kadar hiçbir söylediğin beni bu kadar derinden etkilememişti. Şimdi sana daha çok ihtiyacım olduğunu hissettim.

LOGOS: Harikasın, bu şekilde devam edersen zirveye ulaşacaksın ve ruhunda tomurcuklar açacak. Her sorduğun soru seni uçsuz bucaksız keşfetmediğin yepyeni alanlara götürür. Zihninin ve yüreğinin muhteşem bir kayıt özelliği vardır. Sen daha anne karnındayken etrafta olan biten birçok şeyi kaydetti. Duyduklarını, gördüklerini, en çok da hissettiklerini kaydetti. Bunları zihninin ve yüreğinin derinliklerinde saklı bir anı defteri gibi düşün. Bu anı defteri ancak sen onu kullanmayı bilirsen sana yardımcı olabilir. Ondan faydalanmak için doğru anahtar kullanmalısın. Şöyle düşün, evinin anahtarı ile arabanın kapısını açabilir misin? Tabii ki açamazsın. Öyle değil mi? Örneğin yaşam süreçlerinde zor anlarla karşılaştığında anı defterinin bu sorunla ilgili bir çözüm önerisi kısmını taraman gerekirken sen gidip bu kaygıyı artıracak alanları taradın. Yani anı defterin seni çok güçlü bir şekilde yönetiyor. O yüzden benim sesimi şimdiye kadar bu denli net duyamadın. Oysaki ben her zaman hazır bir şekilde sana yardımcı olmak için buradaydım ve burada olmaya da devam edeceğim. Bak şimdi şöyle düşün: Düşüncelerin sonsuz gibi görülen, çıkışı olmadığını düşündüğün karanlık bir tünelde. Sen yaşamının bazı zor anlarıyla baş edemedin, yolunu kaybettin ve bu tünele girdin. Sen bu tünele girdiğini ancak buradan yoluna devam ederek, içinden geçerek ışığa kavuşacağını kendine hatırlatamadın. Çok kaygılandın, çok strese girdin. Tünelin içinden geçip gitmek, devam etmek yerine tünelin kenarlarına sıkı sıkı tutundun. Tünele hiç bakmadın bile anlıyor musun beni? Karanlığı ışık tutmadan aydınlatabilir misin, içinden geçip gidebilir misin? Tutundukça çıkamadın. Çünkü bırak tünele bakmayı sen tünelin sonunun aydınlık olduğu inancını yitirmiştin. Çok korktun, tünelden çıkmak istedin ama bir taraftan da sıkı sıkı tünele yapıştın. Bu mümkün mü? Sıkı sıkı yapıştığın bir şeyi bırakabilmen mümkün mü? Sence sen neden bu tünele yapışıp kaldın, hiç sordun mu bu soruyu?

VAVEYLA: Bilmiyorum, ben de karanlık bir tünele yapışıp kaldığımın ve çıkamadığımın farkındayım. Artık bir umut kırıntısı, inanç kırıntısı bile aramıyorum. Bana göre o tünelin çıkışı yok. Hapsoldum! Ben bu tünele hapsoldum!

LOGOS: Demek hapsolduğunu düşünüyorsun. Peki sence hiç mi çıkış yolu yok?

VAVEYLA: Bilmiyorum, zaten bütün sorun bu değil mi? Kendimi kapana sıkışmış hissediyorum. Bir çıkış yolu var belki de ama ben göremiyorum.

LOGOS: Elbette var. Sesin, dağda yankılanıp, sana nasıl dönerse; evrene verdiklerin ve yaptıkların da, sana aynen geri döner! Zihninden geçen düşünceler ayın önündeki bulutlar gibidir. Dünyanı karartabilir de renklendirebilir de! Peki sen dünyanı renklendirmeye ve hak ettiğin bolluğu artık almaya hazır mısın?

VAVEYLA: Evet, "Başkalarının bende yarattığı neyse oyum!" ve "Başkalarının gözünde neysem oyum!" inançlarından artık kurtulmak istiyorum.

LOGOS: Eğer hazırsan tünelin sonundaki ışığı görmeye, seninle bir yolculuğa çıkacağız. Bu yolculuğun sonunda kendi içindeki kötülüğü ve diğerindeki iyiliği kabul edip içselleştirecek ve ezberlerini bozacaksın...

Bana hikâyeni anlatırken bir kareden diğer kareye geçmeni zorlayan şeyleri yakından görmeni istiyorum. Yani bu şeylere yakın çekim yapmalısın. Gerektiğinde yakın çekim yaptığın anlarda zamanı durdurabilirsin. Zamanı durdurup ne kadar derinlere gömülürsen derinlere saklanmış anılara o kadar iyi ulaşabilirsin. Bunu yapmak için acele etme, kendini zorlama. Hikâyen zamanın içinde eriyebilmeli. Zihninde sembollerin, resimlerin, kelimelerin serbestçe belirmesine izin ver. Amacımız duygu ve heyecanlarını dile getiren görüntüleri yakalamak. Bunu yapmazsan içinde bulunduğun durumdan çok daha ağır süreçler yaşayacaksın! Çocukluk döneminde oluşan işe yaramayan ve sana zarar veren dünya görüşlerini bilip üstesinden gelmeye hazır mısın?

VAVEYLA: Acıyla, çabayla, bir ölçü de acı çekerek güçlenebileceğimi düşünmüştüm. Yani zorluklara gebe kaldıktan sonra meyve verebileceğimi, mutlu olacağımı. Ancak acı deneyimlerim benim meyve vermemi sağlamak yerine tohumlarıma dek zehirlemeye ve zarar vermeye başladı. Oysaki ömrüm boyunca mutluluğu kovaladım durdum. Olmadı, yapamadım, her geçen gün umutsuzluk ve mutsuzluk daha çok kanımı emmeye başladı.

Anladığım kadarıyla söylediklerini hayata geçirmem çok zaman ve enerji istiyor. Yine de üzerimdeki gömülü olan topraktan çıkmak ve filizlenip büyümek istiyorum, bunun için elimden geleni yapacağım.

LOGOS: Mutluluğu araman zihninin sana en büyük oyunu. Mutluluğu arama, bırak kendin ol! Samimi ve içten ol. El âlem ne der demekten vazgeç! Kimsenin canını yakmadan ruhunun özgürce dolaşıp kendisini bulup tamamlamasına izin ver. Kendine kendin olabilmen için izin ver! Ardından gelen mutluluğu sobelediğinde şaşırma çünkü onu sen davet etmiştin.

VAVEYLA: Başlayalım hemen, başlayalım o halde! Samimiyeti artık iliklerime kadar hissetmek istiyorum.

LOGOS: Güzel o halde, hadi aynada iyice gözlerinin içine bak ve "Sen ve ben biriz, sen ve ben biriz..." kelimelerini bir iki dakika tekrar et. Sonra ağzından derin bir nefes alıp zihninde çocukluğunun geçtiği eve gitmeni istiyorum. Yani hatırladığın en küçük Vaveyla'nın anılarına doğru bir yolculuğa çıkmanı...

VAVEYLA: Evimizi, eşyalarımızı biraz hatırlıyorum ama çok az, yarım yamalak işte, ucundan kıyısından. Fakat kendimle ilgili hiçbir şey hatırlayamıyorum. Gözümün önüne hiçbir şey gelmiyor. Sanki tüm çocukluk anılarım, tüm geçmişim silinmiş. Film karelerinden çıkartılmışım gibi.

LOGOS: Şimdi çocukluğunun geçtiği evi bir resim karesi gibi düşünmeni istiyorum. Ve bu resim karesinde gördüklerini aynaya yansıt ve orada görmeye çalış. Bu aynaya yansıttığın resmin içine iyice gir bakalım. Haydi! Tekrar aynada gözlerinin içine iyice bak ve "Sen ve ben biriz..." cümlesini tekrar et. Evindeki tüm eşyaları en küçük ayrıntısına kadar görebilmelisin. Evinin odalarında biraz dolaşmanı istiyorum. Gönlünce biraz gezin bakalım. Etrafta neler var? Hissetmeni, daha da derinlere inip hissetmeni istiyorum Vaveyla! Duygularının içine girmeni ve bunları hissetmeni istiyorum anlıyorsun değil mi beni? Zihnini uyaracak bir duyguyu hissetmeni istiyorum Vaveyla! Çocukluğuna ait duygularından oluşan bir elbiseyi şimdi üzerine giydiğini düşün. Bu elbise sana hangi duyguları anımsatıyor?

VAVEYLA: Kırmızı bir koltuk örtümüz var. Bunu çok net hatırlıyorum. Hatta bu örtünün üzerinde bir de babamın sigarasından düşen ateşin yaktığı küçük bir delik var. İlginç, sanırım bir şeyler hatırlamaya başlıyorum. Bu koltuğun üzerinde bir kez portakal suyu içiyordum ve portakal suyu bu koltuğa dökülmüştü. Sonra bu portakal suyu akıp sigara ateşinin yaktığı delikten içeriye girmişti. Bunu sanki şimdi tekrar yaşıyormuşum gibi heyecanlandım. Hatta çok ilginç portakal kokusu bile burnuma geldi.

LOGOS: Peki neler hissediyorsun?

VAVEYLA: Rahatça gezinemiyorum ben bu evde. Bunu çok iyi hissedebiliyorum. Ben bu evde rahat değilim, adeta hatalarımı bulmak üzere görevlendirilmiş birisi var peşimde. Beni hiç rahat bırakmıyor. Bu kişi içimde mi yoksa dışımda mı bilmiyorum. Bu bir kişi mi ya da başka bir şey mi onu da bilmiyorum. Beni rahat bırakmayan bu şeyin ne olduğunu, kim olduğunu ya da gerçekten böyle bir şey olup olmadığını da bilmiyorum. Tek bildiğim bu evde huzurlu olamadığım. Bir de güvende de hissetmiyorum galiba kendimi. Evet ben güvende değilim. Nasıl anlatsam sanki hep bir eksiklik ve suçluluk duygusu var içimde. Bende bu huzursuzluğu ve güvensizliği yaratan ne sence? Korktum aslında içim ürperdi. İçime bir şeytan girmiş ya da ne bileyim başka birisi girmiş gibi hissediyorum. Bana kendimi iyi hissettirmeyen sesler duyuyorum bu evden.

LOGOS: Sence bu sesler bu evden kime ait olabilirler?

VAVEYLA: Nasıl yani anlamadım? Bu seslerin ailemden birisine ait olduğunu mu söylemek istiyorsun? Bunu hiç düşünmemiştim. Ama ben ailemi çok seviyorum. Ne annem ne de babam bana kendimi kötü hissettirecek bir şey yaptı. Böyle bir şey hiç hatırlamıyorum. Düşündüğün gibi değil. Evet çocukluğumun geçtiği bu evde kendimi iyi ve güvende hissetmiyorum. Ancak bunun sorumlusunun kesinlikle annem ya da babam olduğunu düşünmüyorum.

LOGOS: Sana sohbetimizin başlarında bir anı defterinden bahsetmiştim hatırladın mı?

VAVEYLA: Evet hatırlıyorum. Ama bağlantıyı kuramadım. Benim anı defterimde böyle bir anının kayıtlı olduğunu düşünmüyorum.

LOGOS: İşte burası en önemli kısımlardan biri. Bu anı defterinde senin ailenden ve yaşadığın çevreden topladığın yığınla anı mevcut. İlginç olan bizim bu anı defterinde yazılanları hatırlamamamız ama bu anı defterinin bizim hayatımızın büyük bir kısmını yönetiyor olmasıdır.

VAVEYLA: Bizim hayatımızda bu kadar etkili olan bir

anı defterini ve bu anı defterinde yazılanları nasıl oluyor da hatırlamıyoruz peki?

LOGOS: Bu senin zihninin en önemli ve gizil özelliklerinden birisi. Burada kayıtlı olan bilgiler seni farkında olmadan anlamlandıramadığın deneyimlere sürükler. Bu anı defterin o kadar güçlüdür ki davranışlarının çok büyük bir kısmını sen farkında olmadan o yönetiyor. Bu anı defteri aslında ikiye ayrılır. Bunlardan ilki temel olarak bir zamanlar senin zihninde oluşmuş, sonra unuttuğun veya bastırdığın olaylardan, duygulardan oluşur. Bu sana özel, sadece senin yaşam deneyimlerinden oluşan bir anı defteridir. İkinci anı defteri ise daha büyüktür ve insanlığın bütün duygularını ve deneyimlerini içerir. Bu ikinci anı defteri bilinçli olmamıştır, miras olarak alınmıştır. Bunlar bireysel ruhumuzdan bağımsız olarak var olan ve herkesçe bilinen miras yoluyla alınan açlık, saldırganlık, cinsellik gibi güdüler ve tipik herkesin tanıyabileceği imge ya da düşünme kalıplarıdır. Anlayacağın Vaveyla bu anı defteri son derece gizemlidir. Geçmiş olaylar ve fikirlerin yanı sıra gelecekteki bazı olay ve fikirlerin tohumlarını da içeriyor. Hatta ve hatta kendine izin verirsen sadece senin anı defterinde bulunan kendi hayatının geçmiş ve geleceğine değil, insanlığın duygularını ve deneyimlerini taşıyan büyük anı defterine de ulaşabilirsin! Hadi şimdi kendi anı defterinin içerisine girelim ve bunun gizemli sayfalarında biraz dolaşalım ne dersin?

Örneğin sık tekrarladığın ama bir türlü değiştiremediğin bir davranışından bahset bana. Var değil mi bu tür davranışlar?

VAVEYLA: Olmaz mı? Hem de çok fazla.

LOGOS: Bununla ilgili en son ne yaşadın?

VAVEYLA: Ooo çok örnek var ama hemen ilk aklıma geleni söyleyeyim o zaman. Bankada birlikte çalıştığımız mesai arkadaşım Beyza buna en güzel örnek. Varsa yoksa onun yaşantısı ve onun problemleri. Ne zaman başı sıkışsa, konuşmak istese beni yanında bulur. Onunla dertleşirim, sorunlarına çözüm bulmaya çalışırım. Keyfi yerinde olduğu zaman ise ben onun için pek bir şey ifade etmiyorum sanırım. Beni sadece dertlerini dinleyecek biri gibi görüyor. İşin başka bir yönü de var. Şöyle ki nedense ne zaman benim bir sıkıntım olsa hanımefendinin işi başından aşkın olur, bir bahane üretir beni başından savar. Bu durum son zamanlarda bana sıkıntı vermeye başladı. Artık kendimi kullanılıyor gibi hissetmeye başladım. Bundan rahatsızlık duyuyorum ama her defasında karar almama rağmen yine de ona hayır diyemiyorum.

Bu her zaman böyle oluyor. Hiçbir ilişkimde ben öncelikli olmuyorum. Hep idare eden ve sonunda idare etmekten yorulan kişi oluyorum. Kendi isteklerimi ve önceliklerimi yok sayıyorum.

LOGOS: Güzel, bunun farkındasın ancak neden yaptığının bilincinde değilsin. İşte bunları sana yaptıran bu anı defterinin gizemli sayfalarında biriktirdiklerin. Bu defterin içerisinde hem senin için faydalı bilgiler hem de istediğin hayatı yaşamana engel olan gereksiz ve zararlı bilgiler yazılı. Kısaca bu anı defteri yaşadıklarını iyi kötü, gerekli gereksiz, zararlı faydalı demeden, ayırt etmeden hepsini kaydediyor. İşte bunlardan birisi de senin arkadaşın ile yaşadığın sorunların kökeninde var olan değersizlik duygusu. Akıllı davranıp bu defteri kullanmayı öğrenirsen bu defter gerçek bir yol gösterici olacaktır. Aynı zamanda benimle ruhsal bağını güçlendirecek şifrelere de ulaşabileceksin!

VAVEYLA: Bak bu hoşuma gitti. Sana gittikçe alışıyorum galiba. Beni artık ürkütmüyorsun.

LOGOS: Ooo işte bu harika. Belki de bunu kutlayabiliriz. Ne dersin?

VAVEYLA: Kutlamak mı? Nasıl yani?

LOGOS: Haydi şimdi aynada gözlerinin içine bak, kendine sarıl ve "Sen ve ben biriz!" kelimelerini birkaç dakika tekrar ettikten sonra "Ben iyi ki varım! İyi ki varım" de.

VAVEYLA: Bunu yapmak istediğimden emin değilim. Kendimi iyi hissetsem de bunu yapmak istemiyorum. İçimde iyileşemeyeceğime dair hep bir şüphe var!

LOGOS: Ruhunun derin katmanlarındaki çocuğa sarıl Vaveyla, korkma sarıl!

VAVEYLA: İçimdeki çocuğa sarılmak mı? Bu ilginç, çok ilginç, bunu hiç böyle düşünmemiştim. Pekâlâ senin için deneyeceğim.

LOGOS: Benim için değil kendin için denemelisin Vaveyla hadi!

VAVEYLA: Gözlerimi kapatıp usulca sarılıyorum ve içimde bir şeyler eriyip düğümler çözülüyor sanki. Uzun süredir görmediğim özlediğim bir dostumu görmüş gibiyim. Yooo hayır hayır, bu ondan da öte bir şey, bu ruhumla bağ kurmak gibi, nasıl desem ruhumla dost olmak gibi bir şey adeta! Bunu ilk kez denedim ve bu çok hoşuma gitti. Uzun süredir hiç kendimi bu kadar iyi hissetmemiştim, içimdeki çocuğa sarılmak, kendime sarılmak, bana gerçekten iyi geldi.

LOGOS: Bu daha başlangıç. Daha seninle çok güzel şeyler keşfedeceğiz. Ruhunun karanlık odalarına tek tek ışık tutacağız! Bu başlangıç olarak küçük bir armağandı sana.

VAVEYLA: Evet yapbozun parçaları gibi sanırım, anlattıkların kafamda yeni yeni oturmaya başlıyor. İyileşeceğime dair küçük, küçücük bir umut hissettim sanki.

LOGOS: Elbette iyileşeceksin Vaveyla! Elbette iyileşeceksin. Bütün sorularını evrene akıllıca soracaksın ve cevaplarını rahatça bulacaksın. Hadi güven kendine ve duy tüm hücrelerindeki umudun ayak seslerini!

VAVEYLA: Öylesine güçlü ve derinden sarsıcı bir sesin var ki söylediklerine kulak asmadan çekip gitmek mümkün değil! Biraz önce söylediklerin aklıma takıldı. Bu sorunun cevabını gerçekten merak ettim.

LOGOS: Hangisi?

VAVEYLA: Çocukluğumun geçtiği bu evde bana kendimi kötü hissettiren zihnimdeki bu seslerin kime ait olduğunu sordun ya. İşte bu sorunun cevabını çok merak ettim. Çünkü bu sesi hâlâ duyuyorum. Hâlâ bu ses beni yönetiyor. Hem de çok güçlü bir şekilde. Bu sesi artık duymak istemiyorum. Bilmiyorum bu benimle sürekli konuşan sesin çenesi kapansa sanki bir şeyler düzelecekmiş gibi geliyor.

LOGOS: Vaveyla'nın küçüklüğüne doğru çıktığımız yolculuğa devam edelim o halde... Söylediğim gibi cevaplar ancak aklının gücüyle ulaşacağın evrende mevcut!

VAVEYLA: Galiba biraz önce yaptığımızdan daha derin bir yolculuktan bahsediyorsun?

LOGOS: Evet aynen öyle!

VAVEYLA: Gereken neyse yapmaya hazırım. Ben artık çok yoruldum. Yaşamı götüremiyorum. Olmuyor, gitmiyor. Tutunduğum bütün dallar elimde kalıyor. Çok mücadele ettim çok uğraştım. Ama insan bir yerden bir daldan tutunamaz mı? Bilmiyorum artık umudum kalmadı. Olmuyor, hayatta istediğim hiçbir şey olmuyor. Her şey ters gidiyor. Ya da bir şey yolunda gitse hemen arkasından kötü bir şey oluyor. Sevinemiyorum bile. Yaşamın sorumluluğunun ve belirsizliğinin omuzlarımdaki yükü her geçen gün giderek artıyor. Daha fazla bu sürece dayanamayacağım. Bu yüzden bu aşamadan sonra ne desen yapacağım. Başka çıkış yolum da kalmadı. Her şeyi zaten denedim. Hazırım, ne istiyorsan yapmaya hazırım.

LOGOS: Hadi başlayalım o halde zihninin karanlık köşelerine ışık tutmaya. Karanlığa ışık tutmadan nasıl görebiliriz?

VAVEYLA: Evet haklısın ama yorgunum, çok yorgunum!

LOGOS: Seni hayatta ne yordu bu kadar? Neden bu kadar yorulduğunu düşünüyorsun?

VAVEYLA: Ayakta kalmaya, güçlü olmaya çok uğraştım. Çoluğumu çocuğumu, ailemi perişan etmemek için yaşamla hep mücadele ettim. Biz beş kişilik bir aileyiz. Bu beş kişinin hayatını kontrol etmek o kadar zor ki! Yani yanlış anlama onların yemeleri içmeleri falan değil beni asıl yoran. Onları mutlu etmeye çalışmak. Daha da önemlisi başlarına bir şey gelmemesi için sürekli her türlü emniyeti sağlamak. Korkuyorum anladın mı sevdiklerimi kaybetmekten çok korkuyorum. Onların başına bir şey gelmesinden çok korkuyorum bana yardım et lütfen!

LOGOS: Sevdiklerini kaybetmekten korkmak. Bu çok doğal ve tüm insanlarda var olan bir duygudur. Ancak bu duyguyu yoğun olarak hissettiğin için artık sana zarar vermeye başlamış. Zihninde bir düşünceyi 50 dakikadan fazla düşündün mü kaygı bozukluğu yaratır. Burada çok iyi bir denge kurmalısın. Dengeyi bozmamalısın.

VAVEYLA: Bütün sorun burada zaten. Kendime düşüncelerime engel olamıyorum anlasana! Geceleri uyuyamıyorum. Ya eşime bir şey olursa! Ben bu koca dünyada üç çocukla ne yaparım, yaşamla nasıl baş edebilirim diye, gece kalkıp eşimin kalp atışlarını kontrol etmekten uyuyamıyorum. Arda okuldan biraz geç geldi mi kendimi o camdan bu cama atıyorum. Biraz başım ağrıdığında ya beynimde bir tümör varsa diye deliye dönüyorum. Kendi ölümümden de korkmuyorum ben. Ölümden kesinlikle korkmuyorum! Ben ölürsem sevdiklerim bu koca dünyada bensiz ne yaparlar diye korkuyorum. Hele Merve'm. Merve daha 4 yaşında. Bana bir şey olursa kim bakar ona? Kim onu annem diye bağrına basar? O kime annem diye sarılır? Düşünsene günde on defa yanıma gelip yanağını çeviriyor: "Anne öp, anne öp!" diye kendisini öptürüyor. Ben onun yanaklarını öperken işte bunları düşünüyorum. Anlıyor musun? Zehra'm, ya Zehra'ma ne demeli? O kadar korumasız ve güçsüz bir çocuk ki. Hemen hemen her gün okuldan ağlayarak geliyor. Şimdiki çocuklar çok acımasız. Onu ya dışlıyorlar, ya alay ediyorlar, ne bileyim canını yakacak bir şey buluyorlar işte! Sen beni gerçekten anlayabiliyor musun? Daha anlatayım mı sana korkularımı Allah aşkına? Tut elimi çıkar beni bu dipsiz kuyulardan, yardım et bana!

LOGOS: Seni çok iyi anlıyorum. Yaşama güvenmelisin. Değiştiremeyeceğin noktalarda teslim olmalısın. Kontrol edemeyeceğin gücünün yetmeyeceği şeylerle uğraşmamalısın. Yaşam mükemmel bir tiyatro sahnesidir. Oyuna girmesi gereken gerektiği zamanda girer ve çıkması gereken de gerektiği zamanda çıkar. Tüm yaşamını kontrol edemeyeceğini içselleştirdiğin anda rahatlayacaksın. Şunu unutma, hiçbir zaman korkuların gerçekleştiğinde hayalindeki gerçekleşme ihtimali kadar çözümsüz ve kötü olmayacaklar. İstemediğin, seni rahatsız eden düşünceler zihnine üşüşmeye başladığında da onlardan kaçma! Aksine sadece kelimelerin arasındaki sonsuz boşluğa odaklan. Bak gör senden korkup tıpkı bir sis gibi o çöp yığını düşünceler zihninden bir anda nasıl da dağılıverecek! Deneyimin içine girdiğin anda Yaradan'dan sana güç ve kuvvet akmaya başlayacak. Yeter ki benimle sık sık iletişime geç. Zor anlarında ne yapabileceğini nasıl baş edebileceğini bana sor. Zor durumlarda aldığın kararlara ve uyguladığın çözüm yollarına kendin bile şaşıracaksın. Ah Vaveyla lütfen seni rahatsız eden düşüncelere "Aman başıma gelince o zaman düşünürüm!" der misin bundan sonra? Çünkü bu korktuğun düşünceler başına gelse bile geldiğinde şimdiki bilinç seviyende olmayacaksın. Bilincin her an yükseliyor! Yalnız değilsin unutma! Samimi ol Vaveyla, senden tek istediğim bu. Kendinle samimi ol. Sıcacık, içten, sevgiyle kucakla kendini. Senin asıl aradığın bu. Yapaylıktan, abartıdan çık! Sadeleş ve ruhuna seslen! Ruhun seni bekliyor. Dalga geç, eğlen, biraz kendinle toplantılar yap. Emin ol sonra yüreğindeki bu samimiyet dalga dalga senden çıkacak ve tüm hayatına yayılacak. Samimiyetle ancak asılı yüzün yumuşayabilir. Sen kendine sıcak, samimi ve içten davranmazsan başka birileri sana nasıl samimi davranıp seni anlayabilirler? Ah Vaveyla, günlük yaşamın telaşı, korkusu, hırsı kendine yabancılaşmanı ve bunun sonucu olarak da zihninde ayrılık yarattı. Kendini dünyadan kopuk ve ayrı algıladın. Samimiyetin ateşi çok güçlüdür Vaveyla! Bir anda eritiverir ruhunun en karanlık köşelerinde pusuda bekleyen korkuları! Hadi yak Vaveyla ruhunda samimiyetin ateşini ve başlat yaşamla dansını! Bırak ruhun özgürce dolaşıp dans etsin ve bulup getirsin sana eksik parçalarını! Kurtar ruhunu tutsaklıktan Vaveyla! Suyun üzerinde gezinen bir kuş gibi olmalısın. Kuş uçup gittiğinde gölgesi de yok olur. Kuş nereye giderse gölgesi de oraya gider. Senin de bedenin ve düşüncelerin tıpkı bu kuş ve kuşun sudaki yansıması gibi birlikte hareket etmeli. Sen de bu aynanın önünden çekildiğinde aynadaki yansıman da kaybolacak öyle değil mi? İşte bunu hep kendine hatırlat Vaveyla! Sen nereye gidersen gölgen de oraya gider. Bedenin gittiği yere düşüncelerini de götürüp götürmediğini kontrol et. Bedenin ve zihnin aynı anda aynı yerde olmalı. Bunun için yine aynada gözlerinin içine bak, "Sen ve ben biriz!" kelimelerini tekrar ettikten sonra "Bedenim, ruhum ve zihnim bir bütün! Bedenim, ruhum ve düşüncelerim birlikte hareket ediyor!" telkinini birkaç defa tekrar et. Derin bir nefes al ve bedeninin tıpkı bir mıknatıs gibi ruhunu ve zihnini çektiğini ve bir araya geldiğini düşün.

VAVEYLA: Biliyor musun ruhumdaki kıpırdanmaları artık hissedebiliyorum. Ruhum özgürlüğüne kavuşmak üzere coşkuyla koşmaya başladı! Bunu hissediyorum!

LOGOS: Harikasın, evet bunu ben de hissediyorum. Ruhunu özgürlüğüne kavuşturmak üzere yolculuğumuza devam edelim o halde! Yaşamda en çok neyle mücadele ettiğini düşünüyorsun?

VAVEYLA: Bu çok zor bir soru. O kadar çok şeyle mücadele ettim ki ben. Hangi birini söyleyeyim?

LOGOS: İlk aklına gelenleri söyle o halde.

VAVEYLA: Bu soruyu bana birisi seninle tanışmadan önce sorsaydı sanırım farklı bir cevap verirdim. Ancak seninle tanıştıktan sonra içimdeki bana kendimi kötü hissettiren bazı seslerle başımın dertte olduğunu ve seslerle gerçekten çok mücadele ettiğimi söyleyebilirim.

LOGOS: Peki bu içindeki sesler sana neler söylüyor?

VAVEYLA: Aslında bu seslere suçlayıcı ses de diyebilirim. Bu suçlayıcı ses beni sürekli suçluyor. Eleştiriyor, yargılıyor. Bilmiyorum işte yaptığım hiçbir şeyi beğenmiyor. Sanırım en çok bu ses beni çok yoruyor. Kime ait olduğunu bile bilemediğim bu iğrenç ses nasıl benim hayatımı bu kadar yönetebiliyor? İnanamıyorum ya! Vallahi kafayı yiyeceğim! Ne yaparsam yapayım kendimi bu sese bir türlü beğendiremiyorum. Lanet olsun bu hayata. Hayat hiç de güzel ve güvenli bir yer değil. Bence herkesin içinde böyle aptal bir ses var ve insanları şuursuzca oradan oraya sürükleyip duruyor. Sırf bu aptal sesten onay alabilmek adına bütün hayatımızı mahvediyoruz. Bütün derdimiz bu! Kimisi zayıflayınca onay alıyor, kimisi evlenince, kimisi başarılı olunca, kimisi para kazanınca, kimisi alışveriş yapıp sahip oldukça. Ama susmak bilmeyen bu ses hiç tatmin olmuyor. Ne bileyim ya yoruldum artık. Gerçekten çok yoruldum.

LOGOS: Umberto Eco'ya göre insan zihni, kendi dünyasını belirler, sonra da bu kendi belirlediği dünya içinde değerlerini oluşturur. Küçük bir çocuğun kendi hayalinde oluşturduğu canavarlardan korkması gibi, yetişkinler de kendi hayalinin ürünü olduğunu bilseler bile inanmayı sürdürürler...

Sana söylemek istediklerimi biraz daha iyi anlayabildin mi şimdi? Zihnin seni tamamen ele geçirmiş durumda. Kafan çok karışık. Bu yüzden sürekli konudan konuya atlıyorsun. Seni çok iyi anlıyorum. Şimdi beni çok iyi dinlemeni istiyorum **VAVEYLA:** Senin yaşamdaki amacın benliğini bütünleştirme ve ruhundaki uzlaşmayı sağlamak. Haklısın kendini iki ayrı parçaya bölünmüş olarak hissetmen çok normal. Senin içinde iki farklı kişilik var. Birisi mantıklı olmaya çalışan parçan diğeri ise hissetmeye çalışan sezgisel parçan. Huzurlu bir hayatı deneyimleyebilmen için kişiliğinin farklı parçalarını bütünleştirmelisin. Yani Vaveyla benliğini bütünleştirip ruhundaki zıtlıkları uzlaştırmalısın. Sen istemediğin ve seni rahatsız eden düşünceleri bastırarak bilinçli zihninden dışlayarak anı defterinin içine attın.

VAVEYLA: Anlamadım bir dakika biraz yavaş ol lütfen! Bilinçli zihin de ne demek?

LOGOS: Bilinçli zihin, zihninin kendi düşünce ve eylemlerinin farkında olan kısmıdır. Mantıksal düşündüğün, analiz yaptığın, gerçekçi olan davranışlardır. Tekrar hatırlatayım anı defterin ise zihninin bastırılmış kısmıdır. Bu anı defterine erişim kolay değildir ve şimdi biz bu anı defterine ulaşmaya çalışıyoruz. Bu anı defterine cinsellik ve güç olan iki temel içgüdü egemendir. Bu iki dürtü sürekli birbiriyle çelişir. Çünkü cinsellik dürtün neslini devam ettirmeye yönelirken güç dürtün ise kendini korumaya çalışır. Ruhun dinamiktir yani sürekli değişir ve kendisini düzenler Vaveyla: Ruhun zıtlıklar arasında kalır. Bilincin ile anı defterin arasında, uyuman ve uyanık kalman, öfke ve huzur gibi birçok zıt çift mevcuttur. Bu zıtlıkların ruhunda düzenleyici işlevi vardır. Ruhun bu düzeni sağlayamadı dengeyi bulamadı ve senin yaşam enerjin anı defterine akmaya başladı. Orada düşlem, öfke ve şimdi olduğu gibi depresyon durumuyla çıkış yolu aracılığıyla kendisini ifade etmeye çalışıyor! Sen onu duyup dengeye getirinceye kadar da oluşumuna devam edecek! Sadece sen değil Vaveyla içinde bulunduğun modern toplumun kendini bu derece dengesiz hissetmesinin nedenlerinden biri de budur. Yükselmeyle, parayla, kariyerle o kadar meşgulsünüz ki durup dinlenmeye, oyuna ve düşlere ayıracak vaktiniz yok. Bu yüzden de içinde bulunduğunuz toplum gittikçe dengesini yitiriyor. İntiharlar, tecavüzler, cinayetler ve hırsızlıklar işte toplum olarak cinnet getirmenizin sebebi kendinizden uzaklaşmanız, durup yüreğinizin sesini dinlememeniz Vaveyla!

Birçok insan gibi senin de bazı olaylara takılıp kalmanın sebebi işte bu bastırdığın olaylar. Şimdi bunlar karşına birer sorun yumağı olarak çıktılar. Sendeki bu temel takılıp kalma durumu biyolojik ihtiyaçların ile toplumun sana dayattığı doğru davranış normları arasındaki çatışmaların sonucudur. Sen anı defterinde birikmiş olanlara kulak vermeye başladın ve hayatta şimdiye dek öğrendiğin her şeyi yeniden gözden geçirmeye başladın. Ruhunun içindeki bilinçli tutumlar her zaman anı defterindeki tutumlarla dengelenir. Bilinçli tutumların çok güçlü ise işte o zaman anı defterin dengeyi yeniden kurmaya çalışır. Anı defterin aslında şimdiye kadar sana rüyalarınla, düşlemlerinle, kendiliğinden ansızın beliren imgelerle, dil sürçmelerinle kendisini göstermeye çalıştı. Ancak sen onu hep görmezden gelip yok saydın! İşte sen bu anı defterini göz ardı ettiğin için şimdi yaşamında birtakım sorunlar ve takılmalar yaşıyorsun. Akıllı olursan ve beni dinlersen bu süreç senin için son derece verimli olacak. Bu krizinden çıktıktan sonra çığır açıcı şeyler deneyimlemeye hazır ol! Ancak, konudan daha fazla uzaklaşmamak için yarım kalan çalışmamıza geri dönmeliyiz. İçsel yolculuğuna yönelik yaptığımız çalışmaya kaldığımız yerden devam edeceğiz. Gözlerini kapat ve kaldığımız yerden devam edelim.

VAVEYLA: Tamam ne gerekiyorsa yapalım. Lütfen kurtar artık beni bu seslerden, kaostan.

LOGOS: Çalışmamızda en son nerede kalmıştık hatırlıyor musun?

VAVEYLA: Bir dakika biraz düşünmem gerekiyor. Evet hatırlıyorum. Büyüdüğüm evde kendimi düşünüyordum. Kırmızı koltuğun üzerinde sigara ateşinin yaktığı delikten içeriye süzen portakal suyu damlacıklarını hatırlamıştım. Hatta portakal kokusunu bile hissetmiştim.

LOGOS: Şimdi bilinçli zihnini eritmek için aynada iyice gözlerinin içine bak ve “Sen ve ben biriz, sen ve ben biriz, sen ve ben biriz..." şeklinde birkaç dakika tekrar et. Sonra anının içine iyice gir ve aynaya zihnindeki resimlerin yansımasına izin ver. Bu senin anı defterinle bağ kurmanı sağlayacak ve oradaki ulaşmak istediğin bilgilere ulaştıracak. Şimdi aynada bir tane portakal durduğunu hayal et. Burnundan alacağın kocaman bir nefesle bu portakalın kokusunu içine çektiğini düşün. Tüm hücrelerin bu portakal kokusu ile doluyor. Saç köklerinden ayak tırnaklarına kadar tüm vücudunda bu portakal kokusunu hisset. Portakal kokusunu iyice hissetmeni istiyorum. Hisset, hisset, evet hisset bu kokuyu. Tüm hücrelerinde hissedebiliyor musun bu kokuyu?

VAVEYLA: Evet hem de çok net.

LOGOS: Peki bu portakal kokusu sana neyi hatırlatıyor?

VAVEYLA: Babamı, evet babamı hatırlatıyor

LOGOS: Neden babanı hatırlatıyor? Baban, sen ve portakal ile geçen bir anın var mı anı defterinde? Artık zihnin çok daha hızlı çalışmaya başladı. Kendinden istenilen birçok şeyi arayıp bulabiliyorsun. Hadi bir tara bakalım?

VAVEYLA: Evet bundan sana biraz önce de bahsetmiştim. Portakal suyu koltuğun üzerindeki delikten içeriye akıyordu.

LOGOS: Peki başka neler oluyor o anda? Orada başka birileri de var mı? Ses, sesler duyuyor musun? Gir bu resmin içine iyice. Şimdi gördüklerini yeniden gör, yeniden hisset.

VAVEYLA: Kendimi iyi hissetmiyorum. Devam etmek istemiyorum. Bu beni korkutuyor. Yeter bu kadar hayır yeter...

LOGOS: Lütfen devam et. Sakın bırakma. Bu anı defterinin ilginç bir özelliği vardır. Tamamlayamadığı bir anıyı hep tamamlamaya çalışır. Sen yüz yaşına kadar yaşasan da bu anı defterin işini gücünü bırakacak ve hep bu anıyı tamamlamaya çalışacak. Bu anı defterin bu yarım kalan anıyı tamamlaman için seni sürekli istemediğin deneyimlere sürükleyip duracak. Ama bu anı defterinin yarım kalmış hikâyesini şimdi burada benimle birlikte tamamlarsan artık bu sayfayı kapatacak. Sen de yaşamında yeni sayfaları ancak o zaman açabileceksin. Bunun için kendine izin vermeni istiyorum. İzin ver, izin ver anı defterin anısını tamamlasın. Sen de yoluna bilinçli farkındalıkla devam et.

VAVEYLA: Peki kendime izin veriyorum. Anı defterimin eksik kalmış anısını tamamlaması için kendime izin veriyorum ama lütfen beni yalnız bırakma korkuyorum.

LOGOS: Buradayım, seninleyim merak etme. Evet neler oluyor tekrar bak bakalım etrafına. Kimler var çevrende?

VAVEYLA: Babam, evet babam var yanımda. Babamla birlikteyiz. Yine babamı görüyorum.

LOGOS: Ne yapıyorsunuz babanla? Neler oluyor?

VAVEYLA: Sadece babam yok annem de var. Annem ağlıyor. Annemin bu şekilde ağladığını daha önce hiç görmemiştim. Ağlamaktan yoruluyor, adeta nefesi ağlamaya yetmiyor. İç çekip güç topluyor ve yeniden başlıyor ağlamaya.

LOGOS: Niye ağlıyor annen bu kadar?

VAVEYLA: Bilmiyorum, onunla ilgili bir şey hatırlamıyorum. Hatırladığım tek şey annemin çok acı çektiği ve inanılmaz bir şekilde saatlerce ağlamaya devam ettiği.

LOGOS: Sen ne hissediyorsun bu süreçte? Bedeninde neler oluyor bak bakalım.

VAVEYLA: Dudaklarımı ısırıyorum. Öylesine şiddetli ısırıyorum ki belki kanamıştır ama hatırlayamıyorum. Korkuyorum, çok korkuyorum. Korkumdan dudaklarımı ısırmaya devam ediyorum.

LOGOS: Neden ve kimden korktun bu kadar?

VAVEYLA: Babamdan korkuyorum. Hem de çok korkuyorum. Babamın kendisine bir şey yapmasından korkuyorum. Onu kaybetmekten korkuyorum.

LOGOS: Ne oldu da onu bu denli kaybetmek korkusuna kapıldın? O anda tam olarak neler yaşandı? Hatırlamaya çalış!

VAVEYLA: Annem, annem onu sinirlendirdi. Hem de çok sinirlendirdi. Babam da annemi susturamadı ve "Bu evden çıkıp gideceğim, bir daha dönmeyeceğim. Ne haliniz varsa görün!" diye bağırmaya başladı. Annem ağlayarak söylenmeye devam ettikçe babam daha fazla dayanamadı. Balkon demirlerine doğru yaklaştı ve "Kendimi aşağıya atacağım artık buna daha fazla dayanamayacağım!" diye olanca gücüyle bağırmaya başladı.

LOGOS: Bu süreçte neler hissettin?

VAVEYLA: Korkuyorum, çok korkuyorum diyorum ya anlamıyor musun? Babamı bir daha görememekten korkuyorum. Bunun bir çocuk için ne demek olduğunu biliyor musun sen?

LOGOS: Peki annen neden bu kadar ısrarla babana bağırıyor?

VAVEYLA: Bu kısmı hatırlamıyorum. Sebebini bilmiyorum. Tek bildiğim anneme çok kızgın olmam. Neden babamı bu kadar zor durumda bırakıyor, onu üzüyor diye anneme kızgın olmam.

LOGOS: Bana başlangıçta babana kızgın olduğunu söylemiştin. Hatırladın mı?

VAVEYLA: Evet bunu hatırlıyorum. Bu doğru, babama da kızgınım ama anneme şu anda daha çok kızıyorum.

LOGOS: Ne oldu da annene daha çok kızmaya başladın?

VAVEYLA: Hayır bu çok acı. Bunu hatırlamak da söylemek de istemiyorum. Bu çok canımı yakıyor. Lütfen daha fazla devam etmeyelim. Kendimden çok utanıyorum.

LOGOS: Belli ki şu anda seni çok üzen çok zor bir anının içerisindesin. Bu anıyı anlatmaya başladığın anda anı defterin yarım kalan bu anıyı işlemek ve tamamlamak üzere harekete geçecek. Ben buradayım, seninleyim. Yalnız değilsin. Gir resmin içine, hadi!

VAVEYLA: Giremiyorum, girmek istemiyorum.

LOGOS: Peki şimdi şöyle düşünmeni istiyorum: Aynada kocaman ve bomboş bir sinema salonu var. Bu sinema salonunun istediğin yerine geçip oturabilirsin. Şimdi istediğin bir yere zihninde oturduğunu hayal etmeni istiyorum. Bunu yapabildin mi? Kendine bir yer seçip oturabildin mi?

VAVEYLA: Evet bu kısmı yapabildim, kendime bir yer seçtim ve oturdum.

LOGOS: Bu harika. Şimdi bu sinema salonunda biraz önce hatırlamak ve söylemek istemediğin anının aynada bir film olarak oynadığını düşün. Neler oluyor?

VAVEYLA: Buna dayanamıyorum. İçim acıyor. Aman Allahım içim çok acıyor. Bunu nasıl söyleyeceğimi bilmiyorum. Söylemek zorunda mıyım? Hatırlamak zorunda mıyım?

LOGOS: İyileşmek istiyorsan ve tekrar tekrar seni üzen aynı deneyimleri yaşamak istemiyorsan evet! Ellerini tutuyorum, yanındayım. Korkma VAVEYLA hadi söyle. Söyle ki çözülsün. Çözülsün ki anın tamamlansın.

VAVEYLA: Ben koltukta oturuyorum. Üzerimde sarı kazağım ile mor pantolonum var. Bunu çok iyi hatırlıyorum.

LOGOS: Evet! Devam et!

VAVEYLA: Babam bana bakarak anneme bağırarak bir şeyler anlatıyor.

LOGOS: Ne anlatıyor baban annene?

VAVEYLA: Keşke ölseydim, evet keşke ölseydim de bunları hiç duymasaydım. Babam bana bakıyor, gözleri uykusuzluktan ve aşırı alkolden kan çanağına dönmüş durumda. Bana bakıp ne diyor biliyor musun?

LOGOS: Ne diyor?

VAVEYLA: Hepsi bunun yüzünden diyor. Beni suçluyor.

LOGOS: Devam et, neden seni suçluyor? Resimden çıkma devam et.

VAVEYLA: Görüyorum, şimdi daha iyi görmeye başladım. Bir akşam yemeği sonrası önümde meyve tabağı var. Büyük bir iştahla portakal yiyorum. Ne olduysa ondan sonra oldu. Babamla annem birden birbirine girdiler. O kadar korktum ki avucumda sıkıştırdığım portakaldan akan sular koltuğun üzerindeki delikten içeriye doluyor. Aman Allahım bu anı defterinin ne kadar güçlü ve sihirli bir kalemi varmış böyle. Bunu ilk kez şimdi hatırlıyorum. Bu yüzden ne zaman nerede bir portakal görsem veya kokusunu hissetsem mideme adeta bir taş oturuyor ve başım dönüyor. Aman Allahım daha kim bilir bu anı defterinde neler var?

LOGOS: Evet bu anı defterinde sayısız anılar kayıtlı. Merak etme zamanla bu anılara ulaşmayı ve bu anıları tamamlamayı öğreneceksin. Şimdi anımıza geri dönelim ve kaldığımız yerden anlatmaya devam edelim. Lütfen! Neden kavga ediyorlar hatırlamaya çalış.

VAVEYLA: Annem sürekli babamın kendisine yardımcı olmadığından yakınıyor. Onu yalnız bıraktığından, üç çocuğun tüm yükünün kendi üzerinde olduğunu söylüyor. Söz dönüp dolaşıp bana kadar geliyor. Annem benim dünyaya gelmemin onun suçu olduğunu söylüyor. Bağırıyor, "Bu senin yüzünden doğdu, sen ısrar ettin diye doğdu!"

diyor. Annem devam ediyor: "Zaten iki tane çocuğumuz vardı. Senin erkek çocuk sevdan yüzünden hamile kaldım ve tekrar bir kız çocuğumuz oldu. O günden beri sanki ben suçluymuşum gibi bana düşman kesildin. Bu benim suçum mu? Bu çocuk dünyaya geldiğinden beri bana kızgınsın. İnkâr etsen de her hareketinle her sözünle bunu belli ediyorsun. Bunu anlayamadığımı mı zannediyorsun? Sen beni suçluyorsun ve ben artık bundan bıktım." Annemin sesi bir süre hiç kesilmeden kulaklarımda çınladı. Aman Allahım ben... yoksa ben... istenmeyen bir çocuk muydum? Evet istenmeden gelmiştim bu dünyaya. İşte annem bunları söyledi.

LOGOS: Evet şimdi her şey daha net. Artık değersizlik duygunun nedenini anlayıp bağlantıyı kurabiliyorsun değil mi? Sadece bulunmaman gereken bir yerde bulunup, duymaman gereken sözcükleri duydun. Anı defteri onları asla silinmeyecek şekilde kaydetti. Çünkü bu olay yaşandığı zaman sen bununla baş edebilecek bir yaşta değildin ve bunu bir daha hatırlamamak üzere kendini korumak için bastırdın! Ömrün boyunca farkında olmadan bu travma ile yaşadın. Ama artık değersizlik duygunun sebebini biliyorsun ve ondan sonsuza kadar kurtulmak elinde. İlk olarak işe babanla anneni affetmekle başlayabilirsin.

VAVEYLA: Bunu deneyeceğime emin olabilirsin. Ancak ne kadar başarabilirim bilemiyorum. Şimdi annemi daha iyi anlıyorum. Adımı annem koymuş. Vaveyla ne anlama geliyor biliyor musun? Vaveyla "bağırış, çığlık, feryat" demek. Aslında kendi çığlıklarını kendi feryadını en baştan bana yüklemiş annem. Adım bu yüzden Vaveyla!

LOGOS: Sesin o kadar boğuk ve kesik çıkıyor ki neler hissettiğini çok iyi anlıyorum.

VAVEYLA: Yaşamımda birçok olumsuz duyguyu tattım ben.

LOGOS: En çok hangi duygunun içerisinde kaldığını düşünüyorsun?

VAVEYLA: Galiba buna değersizlik duygusu diyebilirim.

LOGOS: Peki hep içimde kötü bir ses var dediğin bu sesin adı değersizlik duygusu olabilir mi? Bu değersizlik duygusunun sesi olabilir mi?

VAVEYLA: Evet evet, kesinlikle bu onun sesi. Bu ben nereye gidersem gideyim benimle gelen ve beni en çok yoran, kendimi ona onaylatmaya çalıştığım bu sesin adı değersizlik duygusu. Bu kesinlikle değersizlik duygusunun sesi!

LOGOS: Peki bu ses kime ait?

VAVEYLA: Bu ses bana ait değil. Bu babama ait ama anneme de ait. Şimdi anlıyorum ki babam yaşamındaki açmazlara çare olarak dünyaya gelecek bir erkek çocuğu görmüş. Belki onda da var olan değersizlik duygusuydu bir erkek çocuğun özlemine iten. Buna bağlı olarak annem de babama bir erkek çocuk veremediğinden dolayı kendisini suçladı. O da belki babamla bozuk olan ilişkilerini düzeltebilirim düşüncesiyle benim doğmama fazla karşı çıkmamış olabilir. Ama işler hiç de düşündükleri gibi olmadı. Evet bunların hepsini artık daha rahat görebiliyorum. Düğümleri çok iyi çözebiliyorum. Bu yüzden evet buldum bu değersizliğin sesi bana ait değil. Bu ses hem anneme hem de babama ait. Bir dakika aslında şimdi düşünüyorum da bu ses annemle babama da ait değil. Bu senin bana bahsettiğin topluma, bütüne ait inançlardan ve düşünce kalıplarından oluşan daha büyük olan anı defterine ait. Zavallı annem ve babam toplum erkek çocuğuna o denli güç ve neslini devam ettirecek misyonlar yüklemişti ki onlar da kulaklarında sürekli bu toplumun seslerini duyuyorlardı. Şimdi onlara hiç kızmıyorum biliyor musun, hatta onları çok iyi anlıyorum. Bana ait olmayan bu sesleri daha fazla duymak istemiyorum. Artık bu sesten kurtulmak için kendimi daha güçlü hissetmeye başladım. Bunu başarabilirim, evet bunu başarabilirim.

LOGOS: Merak etme, farkında olman, uyanman artık olayı çözecek. Bilinçli zihnin anı defterinden daha üstün, onu yönetmeyi öğreneceksin ve sen kazanacaksın. Her zaman son kararı bilinçli zihnin verir unutma. Bu yüzden anı defterinin bildiğini okumaması için çok uyanık olmalısın!

Aklını kullanmayı çok iyi öğrenmelisin. Davranışlarına sebep olan anı defterinde son kullanma tarihi geçmiş olan anılarını ciddiye almamalısın. Bunlar geçmişin sesleri, şimdi artık kendi müziğini oluşturacak kadar büyüdün! Bu sesleri iyi bir orkestra şefi gibi yönetebilirsin. Eskiden küçüktün, aklın ve yeteneğin sınırlıydı ama şimdi bak kocaman oldun. Artık başına ne gelirse gelsin baş edebilirsin. İçindeki çocuğun feryatlarıyla, haykırışlarıyla, çaresizliğiyle çok iyi baş edip ona sağlıklı bir ebeveynlik yapabilirsin!

VAVEYLA: Ooo çok büyüleyici, çok etkilendim bu söylediklerinden.

LOGOS: Sana bu anı defterinin ilginç bir özelliğinden daha bahsetmek istiyorum. Anı defteri duygu yüklü anıları diğerlerine göre daha güçlü kaydeder. Tamamlanmamış, içimize attığımız, kendimizi ifade edemediğimiz, baskıladığımız, haksızlığa uğradığımız anılar başroldedir. Tamamlanmamış anılar kendilerini tamamlayacak deneyimlere doğru çekilirler. Senin de vardır herhalde tamamlanmamış bir anın değil mi?

VAVEYLA: Olmaz mı var tabii. Yıllardır aklıma geldiğinde içimi acıtan, geceleri uykumu kaçıran, tamamlanmadığı için sürekli pişmanlık yaratan güçlü bir anım var. Yıllar önce elime geçen işyeri açma fırsatını tepip kısa yoldan bankacı olmayı seçtiğim için pişman olmadığım bir gün bile yok neredeyse. Benimle yola çıkmak isteyen arkadaşımın kendi işini kurup üstelik de başarı merdivenlerini hızla tırmandığını izlemek pişmanlığımı her geçen gün artırıyor. Cesaretsiz davrandığım için sürekli kendimi suçluyorum. Aaa bir dakika, çocukluğumdan beri hep rüyamda bir ağaç evi yapmaya çalışıyorum ama bu ağaç evini bir türlü bitiremiyorum. Hatta bir defasında o kadar çok korkarak uyanmıştım ki çok gerçekten çok korkmuştum. Karanlık bir gecede arkamdan bir köpek hızla beni kovalıyordu. Ben de korkumdan ağaç evine çıkmaya çalışıyordum ama bir türlü çıkamıyordum. Kim olduğunu bilemediğim yaşlı beyaz saçlı bir kadına beni kurtarması için yalvarıyorum. Bu kadın simsiyah dişleriyle bana gülümsüyor ve elindeki lambayı bana verecek gibi yaparak hızla benden uzaklaşıp kaçıyor. Merdiven kırılıyor ve aşağıda ağzı açık beni bekleyen köpeğin tam ağzının ortasına düşerken uyanıyordum.

LOGOS: Sence bu rüyan neyi anlatıyor Vaveyla?

VAVEYLA: Kendime güvensizliğimi, başarısızlığımı, aptallığımı ve hiçbir zaman merdivenleri başarı ile tırmanıp zirveye ulaşamayacağımı.

LOGOS: Köpek, ağaç, merdiven, karanlık tüm bunlar sende ne anlam ifade ediyor Vaveyla?

LOGOS: Ah galiba ne demek istediğini anlıyorum tamam çözdüm! Anı defterindeki bastırdığımız olaylar rüyalarla bize ulaşmaya çalışır demiştin. Evet anladım yapmaya çalıştığını ve bu rüyamın bana anlatmaya çalıştığını da çözdüm. Ben ilkokul birinci sınıftayken öğretmenimiz duvara "Çalışan kazanır elması kızarır!" başlıklı kocaman kartondan bir elma ağacı yapıp yapıştırmıştı. Bütün öğrencilerin elması vardı ve başarısı artan öğrencinin elması da kızarıyordu. Benim elmam herkesinkinden geç kızarmıştı. Bunu gören babam "Daha ilkokul birinci sınıfta bile en geriden gidiyorsun, senin hayatta başarı basamaklarını çıkıp zirveye ulaşman mümkün değil!" diyerek beni inanılmaz aşağılamıştı. Ben de üzülmüştüm, çok üzülmüştüm ama hiçbir şey diyememiştim. Kendimi yaşıtlarıma göre çok yetersiz ve beceriksiz hissetmiştim.

İşte şimdi buna benzer olaylara çekilmemin birer tesadüf olmadığını anlıyorum. Buna benzer olayların hep anı defterinde tamamlanmayı bekleyen birer anı olduklarını fark edebiliyorum. Kendimi başarısız ve yetersiz hissedecek olayların içerisinde buluyorum ve işlerimi hep yarım bırakıyorum. Vay be anı defterinin gücüne hayran kaldım. Tüm bu bağlantıların gücüne inanamıyorum.

LOGOS: Zaten çocuk kendisini yaşıtlarıyla kıyaslayarak yeterli olup olmadığına, neler yapıp yapamayacağına karar verir. Bu deneyimin şimdiki kendinle ilgili fikirlerinin üzerinde oldukça etkisi olduğunun artık farkındasın. Evet bulmacayı yavaş yavaş çözmeye başladın. Söylediklerinin hepsi doğru ama eksik. Bunları da ileride tamamladığımızda daha çok şaşıracaksın.

VAVEYLA: Beni yine meraklandırdın. Belki de tamamlanmamış yarım kalmış onca deneyimle uğraşmaktan dolayı hep geçmişe saplanıp kaldım. Sürekli geçmişle uğraşıyorum, şimdiyi göz ardı ediyorum. Ya geçmişteyim ya da gelecekteyim. Aslında şu sıralar çok gündemde olan "anda yaşayamamak". Bununla ilgili birkaç yazı okuyup, seminere katılmıştım. Sorun yaşamamın ve mutsuz olmamın bununla da bir ilgisi olabilir mi?

LOGOS: Bu kavramla ilgili neler biliyorsun?

VAVEYLA: Yani şimdide yaşamak, ne geçmişin pişmanlıkları ne de geleceğin endişelerinde dolaşmadan, sadece içinde bulunduğun anda var olabilmektir. Kendini şimdinin gücünde var olan belirsizliğe teslim ederek yaşamak. Bugününü gün ederek ve sorumsuzca bir yaşam biçimi değildir. Yüksek bir farkındalıkla elinden gelenin en iyisini yapabilmen için kendine izin verebilmendir. Ben "şimdi"nin gücünden kaçınmak için hep geçmiş ya da gelecekte yaşamayı seçtim! Şimdinin içerisinde seçimler vardır. Karar anları mevcuttur. Geçmiş veya geleceğe saplanıp kalarak işte bu "şimdi"nin getirdiği sorumluluklardan hep kaçtım. Bunun benim adıma büyük bir hata olduğunu düşünüyorum. Davranışlarımın ve zihnimin sorumluluğunu almayı başaramadığım için bu hayatta çok iyi bir hizmetçi oldum!

Yemek yerken yemeğin içerisinde bulunan farklı baharatların tadını alamıyorum. Çünkü "Arda okulda ne yaptı, Merve yemeğini yedi mi, eşim Cemil acaba işyerine varabildi mi?" gibi zihnimden gelen ve bir türlü engel olamadığım seslerle boğuşuyorum.

Geçen gün ofiste mesai bitimi çalışan arkadaşlarımızdan biri olan Emre'ye sürpriz doğum günü partisi düzenlenmişti. Herkes bir şekilde anın tadını çıkarmaya çalışırken bir kişinin bedeni orada olmasına rağmen zihni başka yerlerdeydi. Kolayca tahmin edebileceğin gibi o kişi bendim. Pasta kesildi, mumlar üflendi, hediyeler verildi, herkes eğlenmeye çalışırken ben ne yapıyordum sence? Zihnim tam da karşımda duran ve hiç de sevmediğim Selin'le meşguldü: Daha geçen pazartesi aramızda bir sürtüşme olmuştu. O tatsız an anında aklıma geldi ve tüm dikkatim o olaya odaklandı. Onun itici ve kendini beğenmiş bir tip olduğundan tut da giydiği giysilere kadar her türlü ayrıntı beynime hücum edip beni geçmişe hapsetti. O kadar kendimi aştım ki eşinin ona nasıl katlandığını, hatta eşinin onu benim yerime bir güzel dövse, saçından başından sürüklese ne kadar keyif alacağımı bile düşündüm. Ertesi gün geldiğimde o işten ayrılmış olsa ne kadar da mutlu olurdum! Ama biraz sonra gözüm yanındaki müdürüm Sinan'a kaydı. Neredeyse üç yıldır birlikte çalışıyoruz. Her fırsatta üstünlüğün kendi elinde olduğunu kanıtlamak için üzerimizde sürekli baskı kurar. Daha geçen bu şanslı kişilerden biri ben olmuştum, ufacık bir hatadan dolayı bir sürü azar işittim beyefendiden. Şimdi her ne kadar samimi, sevecen bir insan edasıyla ortalıkta dolaşsa da sürekli o anı hatırlamaya ve kendisine karşı olan kızgınlığımı bir kez daha yaşamaya başladım. Sahtekâr herif, sanki onun ne mal olduğunu bilmiyoruz. Çok kısa süre sonra ise akşama ne yemeği pişireceğimi, Arda'nın diş ağrısını, Merve'nin sessizliğini, Zehra'nın hırçınlığını, Cemil'in giderek içine kapanıp benden uzaklaşmasını düşündüm. İşte gördüğün gibi her şey benim andan uzaklaşıp geçmişe veya geleceğe kaymama sebep oluyor. Bu elimde değil.

Bunlar çok basit ve hemen şimdi aklıma gelen örnekler. Ohooo daha saymakla bitmez geçmiş ve gelecekte sürünüp duran zihnimden geçen düşünceleri.

Galiba evet benim en büyük sorunlarımdan da biri bu. Düğünümde bile acaba hata mı yapıyorum, evlendiğim kişi gerçekten doğru bir seçim mi diye düşünüp durdum. Benim şimdide yaşamayı öğrenmem gerekiyor. Bunun farkındayım ama nasıl yapacağımı bilemiyorum, zihnime söz dinletemiyorum. Belki yaşamımdaki tüm düğümleri şimdinin gücü açacak, ne dersin? Hadi öğret bana zihnime hüküm sürmeyi öğret! Net ve kendimden emin kararlar alarak şimdinin gücünde saklı olan tüm fırsatları kendime çekmek istiyorum.

LOGOS: Bu işi sevdin sen. Meğerse içinde ne yaman bir filozof varmış senin...☺

VAVEYLA: Teşekkür ederim. Evet ben de bazen söylediklerime şaşırıyorum. Bu kelimelerin benden çıktığına inanmakta zorlanıyorum.

LOGOS: Çevremizde bazı ilginç insanlar vardır. Bu insanlar birçok kişi tarafından kabul görülen güzellik kurallarına uymadıkları halde bulundukları ortamda dikkat çekerler. Şöyle örnek vereyim: Normalin üzerinde bir kilosu vardır. Boyu normal standartlardadır. Yüzünde estetik kuralları açısından bakıldığında birtakım orantısızlıklar bile vardır. Kemerli, iri bir burun gibi mesela. Bu insanlar çok özel ve farklı giyinmedikleri halde bulundukları ortamda tüm ilgiyi üzerlerine toplarlar. Dediklerine güvenilir, odak noktası bu kişi alınarak konuşulur. Bu kişinin tüm tercih ettiği şeyler birden değer kazanmaya başlar. Bu tarz insanlarla mutlaka karşılaşmışsındır. Öyle değil mi?

VAVEYLA: Evet hem de çok karşılaştım. Her karşılaştığımda da bu insanların üstün hiçbir özelliği olmadığı halde dikkat çekmelerine bir türlü anlam veremedim. Bunun sebebini biliyor musun gerçekten? Bunun sebebini hep merak etmişimdir. Ancak bu insanlarda şeytan tüyü var herhalde diyerek geçiştirdim. Bana bu sorunun cevabını sakın sorma. Bu soruyu cevaplayabileceğimi hiç sanmıyorum.

LOGOS: Tamamdır! Bu soruyu ben cevaplayacağım o halde. Oldukça basit ve ilginç bir cevapla karşılaşacağını sana söyleyebilirim. Bu sorunun cevabına gerçekten şaşıracaksın ama şunu da hemen ekleyeyim. Bu söyleyeceğim cevap o kadar hoşuna gidecek ki; hemen uygulamaya çalışacaksın.

VAVEYLA: Meraktan beni çatlattın. Allah aşkına söyle hadi şunun cevabını.

LOGOS: Bulundukları ortamda tüm dikkatleri üzerine toplayan insanların ortak özellikleri samimi olmaları ve anda yaşayıp kendilerini şimdinin gücüne bırakmalarıdır...

VAVEYLA: Çok ilginç... Bu verdiğin cevaba gerçekten çok şaşırdım. Şimdide yaşamak ve samimi olmak demek bu denli güçlü?

Şimdi sen bunları anlatınca, aklıma komşum Asuman geldi. Asuman sıradan bir insan ama nereye giderse gitsin tüm dikkatleri anında üzerine topluyor. Sıradan ve hiçbir özelliği olmamasına rağmen tüm dikkatleri nasıl üzerine toplayabildiğine hep şaşırmışımdır. Sanırım bunun sebebini şimdi anlayabiliyorum. O çünkü gerçekten anda yaşayan ve çok samimi birisi. Geçenlerde onunla pazara gittik. Pazarda biraz dolaşıp fiyatları karşılaştırdık. Daha sonra domates almak için domateslerin büyük bir özenle dizildiği tezgâha doğru yürüdük. Tezgâhın yanına geldiğimizde pazarcıdan poşet istemek için yaklaşık dört beş kez bağırdım. Ancak ne yaptıysam pazarcıya bir türlü sesimi duyuramadım. Asuman sadece bir kez pazarcıya seslenerek poşet istediğini duyurdu. Pazarcı da özür dileyerek poşeti kendisine uzattı. O anda poşeti komşum Asuman'ın elinden alıp adamın kafasına geçirmek istedim. Artık pazarda kaldığımız sürece bu olay benim mutsuz olmam için yeterliydi. Pazardaki tüm yönetimi ve seçimleri de üstelik ona bırakmıştım. Onu daha ciddiye aldıkları için benden üstün birtakım özellikleri olduğu düşüncesini zihnime daha da yerleştirmiştim. Hangi patatesi alacağımdan, elmaları seçerken neye dikkat etmem gerektiğine kadar artık her şeye o karar veriyordu.

Enerjisi o denli yüksek ki gittiği yere kendisi gitmeden adeta ışığı gider.

LOGOS: Evet aynen öyle. Anda yaşamanın ve samimi içten davranmanın öylesine mucizevi bir etkisi vardır ki; bulunduğun ortamın bir anda en gözde kişisi oluverirsin. Çünkü sen kendi ruhunun sultanı olmuşsundur! Seni kendi ruhunun tahtından kim kaldırabilir ki senden başka?

VAVEYLA Vay be, bu cevabın karşısında bir kez daha şok yaşamaktayım. Peki anda yaşamak, samimi ve içten davranmak insanı nasıl bu denli etkileyebiliyor? Bunun sebebinin ne olduğunu çok öğrenmek istiyorum.

LOGOS: Sana önce anda yaşamanın etkisini anlatayım, daha sonra samimiyetin yaşamına katacaklarını seninle paylaşacağım. Düşününce aklıma şöyle bir örnek geldi. Bakalım beğenecek misin? Elimde yaklaşık 30 cm boyunda bir hortum olduğunu düşün. Bu hortumun bir ucu geleceği diğer ucu da geçmişi temsil ediyor. Hortumun içi su dolu. Bu hortumun iki tarafını sıkıca parmaklarımla kapatıyorum. Parmaklarımı çekmediğim sürece bütün su hortumun içerisinde kalacaktır. Ancak ben hortumun geçmişi temsil eden tarafından küçücük de olsa parmağımı çekersem, geçmiş tarafından su sızmaya başlayacaktır. Ya da gelecek tarafından parmağımı hafifçe çeksem gelecek tarafından su aşağıya sızacaktır. İşte düşüncelerimizi de aynı şekilde düşünebilirsin. Düşünceleri ni şimdinin içerisinde tutabilmen için zihnindeki geçmişin ve geleceğin kapısını çok iyi kapatmalısın. Tıpkı su akmaması için hortumun iki ucunu sıkıca tutup kapattığım gibi.

Yemek yediğin anda zihnin geçmişe veya geleceğe kaymaya başlarsa, enerjinin büyük bir çoğunluğu da akıp gidecektir. Yemeğin tuzunun az mı çok mu, içerisinde olan baharatların neler olduğunu ayırt edemeyebilirsin. Böyle bir durumda yediğin yemekten aldığın zevk çok azalacaktır. Ama zihninin geçmiş ve geleceğe dair olan uçlarını iyi kapatıp bütün enerjiyi şimdiye hapsedebilirsen, yemeğin içerisindeki en yoğun tatlardan en hafif tatlara kadar hepsini hissedebilirsin. Hatta iyi bir gurme bile olabilirsin. İşte bulundukları ortamda tüm dikkatleri üzerinde toplayan kişiler ellerindeki hortumun iki ucunu da sıkı sıkı kapatabilen ve hiçbir şekilde suyun sızmasına izini vermeyenlerdir.

VAVEYLA: Bana anda yaşayabilmek için günlük hayatımda uygulayabileceğim başka birkaç basit teknik öğretebilir misin?

LOGOS: Sanırım bununla ilgili dikkatini çekeceğini düşündüğüm ve eğlenceli bir şey anlatabilirim.

VAVEYLA: Neymiş bu dikkatimi çekecek olan şey?

LOGOS: Kedileri seviyorsun öyle değil mi?

VAVEYLA Evet kedileri gerçekten çok seviyorum. Ancak bununla nasıl bir ilgisi olduğuna dair bağlantı kuramadım.

LOGOS: Anda yaşamak ile ilgili oldukça fazla teknik var. Ancak şu anda ben sana kısa yoldan uygulayabileceğin basit teknikler önereceğim. Zaten bütün sır burada saklı Vaveyla! Yaşama basit, mümkün olduğunca basit bakabilmelisin. Bir şey sanki ilk kez oluyormuş gibi adeta bir çocuk zihniyle görmeye hazır olmalısın. Yaşadığın anı geçmişteki etkilerinden arındırarak net görmelisin. Her yeni an sana yeni fırsatlar sunar. Çocuk olabilmeli, yaşama çocuk yüreğiyle bakabilmelisin! Çözümü zor ulaşılmaz yerlerde adeta Kafdağı'nın ardında kapalı sandıkta aradın. Mutluluğu arayacağım diye kendinden o kadar uzaklaştın ki artık ruhuna ve zihnine hükmedemiyorsun öyle değil mi?

Hadi gel anda yaşamayı biraz eğlenerek çocukça hayatına geçirmeye çalışalım. Evinizde bir kedi beslemeye başlayabilirsin. Bu eşine ve çocuklarına da çok iyi gelecektir. Kedi beslemek için şu anda uygun koşullarınızın olmadığını düşünüyorsan, kedileri yakından izleyebilirsin. Bana anda yaşama ustalarının kimler olabileceğini sorsan sana hemen kedileri örnek verirdim. Bu konuda kediler çok başarılıdır.

VAVEYLA Aaa bu gerçekten çok ilginçmiş. Bana bundan biraz bahseder misin?

LOGOS: Tabii ki bahsedeceğim. Bunun için yapman gerekenleri hatta şöyle sıralayabilirim:

Kedilerin nefes alıp verişlerini izlemek ve taklit etmek kesinlikle tam bir meditasyondur. Kedilerin nefeslerini iyi çok iyi izle...☺

Kedi gibi odaklanmayı öğren...☺ Kediler birer odaklanma ve izleme üstadıdır. Avcı içgüdüleri ile bir şeye bakıyorlarsa onların dikkatini dağıtmanın imkânı yoktur. Sonunda ne yapar eder avlarını mutlaka elde ederler. Sen de güçlü bir odaklanmayla avını elde edebilirsin.

Kedi gibi uykuna önem ver. Kedilerin bütün gün uyumaları "miskinlik" gibi görünse de değildir. Uyuyup dinlenerek asıl önemli işleri için enerjilerini doğru kullanırlar. Sanırım uykunun önemini anlamışsındır. Uykusuzluk sorununu en kısa sürede çözümlemelisin.

Kedi gibi susmayı öğren...☺ Kediler susarken tam "gözlerinizin içine bakar" ve bir anlam bulmaya çalışırlar. Seni anlamaya çalışırlar.

İyi çok iyi bir dinleyici ol. Önce kendi yüreğinin sesini daha sonra diğerlerinin ve tüm yaşamın sesini çok iyi dinle.

VAVEYLA: Vay be buna gerçekten bayıldım. Bir kediyi yakından incelemek için sabırsızlanıyorum.

Geçen gün ne oldu biliyor musun? Sabah evden çıkmadan önce çöpü atmak için kapıyı açtım. Bizim kapı paspasımızın üzerinde bir kedi oturuyordu. Onu aniden görünce biraz korktum. Daha sonra onu bizim kapıdan uzaklaştırdım. Sen yaşamda hiçbir şeyin tesadüf olmadığını söylemiştin. Hatırladın mı? Madem kediler anda yaşayan birer üstatlar, o halde bana anda yaşamayı öğretmek için gelmiş olabilir mi?

LOGOS: Bu bağlantıyı çok iyi kurdun, harikasın Vaveyla! Kediler hiçbir evin kapısına tesadüf olarak gitmezler. İki sebepten dolayı giderler. Ya kapısına gittiği evin enerjisi çok negatiftir onu dengelemek için gider ya da kapısına gittiği evin enerjisine kendisinin ihtiyacı olduğu için giderler. Bu yüzden kapınızı gelen kediyi mümkün olduğunca sahiplenmeye çalışın derler.

VAVEYLA: Pekâlâ bunu çok iyi anladım. Peki samimiyet nasıl bu kadar büyüleyici bir hal alıyor çok merak ettim anlatır mısın?

LOGOS: Samimiyet her sorunun çözümüdür. Samimiyet duygusu ile devlet işlerinden, sağlıktan, beslenmeden, okul başarısından tut da ruhsal sorunlara kadar her türlü sorunu çözebilirsin. Ah Vaveyla samimiyet duygusunun enerjisi öylesine güçlüdür ki, tek bir kişinin samimiyeti bile dünyayı değiştirebilir. Samimiyet bu dünyadaki aklına gelebilecek tüm kötü şeylerin panzehridir!

Samimiyetsizlik en çok sana zarar veriyor. Her yapılan eleştiri, kıyaslama seni kendin olmaktan daha da uzaklaştırdı. Kendinden utandın. Kendinle olan ilişkini giderek azaltarak samimiyeti de kaybettin. İçinde tanımadığın yabancı birisini besleyip büyüttün. İnsanın tanımadığı bir yabancı ile ne kadar samimiyeti olabilir ki? Gerçek yüzünü görmemek için kendine oyunlar oynayarak kendinden uzaklaştın. Sen samimiyet duygunu çocukken kaybettin, o yüzden şimdi samimiyetten uzak, kendine, ilişkilerine yabancılaşmış bir yetişkinsin. Ancak merak etme tekrar samimi bir çocuk, samimi bir yetişkin, samimi ilişkiler için hiç de geç kalmadın. Bu döngü hiç de ütopik değil! Gerçekten içinden geldiği gibi davranmaman sende gerginlik, huzursuzluk ve aykırılık yaratıyor. Samimiyetsiz çocuğun yanaklarından öpüp onu huzura yeniden kavuşturacağız! Samimiyeti su gibi düşün Vaveyla! Su girdiği kabın şeklini, rengini hemen alır. Ortama uyum sağlar. Sen de kendinle, diğerleriyle ve yaşamla samimi olabilmen için öncelikle direnmeden ortama uyum sağlamalısın. Kışın soğukta sahilde bronzlaştığını düşünürsen tabii ki üşürsün. Ama kuzey kutbundaki canlıların durumunu düşünürsen üşümezsin. Kendine ne kadar şefkatli ve samimi davranırsan yaşamla da o kadar samimi ve iç içe olursun. Samimiyet, gitmek istediğin yere götüren en kısa şeydir! Bir insanı en vazgeçilmez ve çekici kılan şey samimiyetidir! Sen de vazgeçilmez ve çekici olmaya hazır mısın Vaveyla?

VAVEYLA: Hazırım, seninle artık her şeye hazırım! Yaşam gerçekten muhteşem bir dengeden ibaret. Sanırım tüm dengeyi biz bozuyoruz. Senden çok güzel şeyler öğreniyorum. Hepsi birbirinden değerli çok önemli bilgiler. Seninle tanışmadan önce adeta havada asılı kalmıştım ve ne ayağımı basacak sağlam bir yer ne de hayattaki gitmem gereken yolumu bulabiliyordum. Sanırım bir süreliğine dünyadan uzaklaşmamın ve içdünyama çekilmenin meyvelerini topluyorum. Şimdiye kadar yaşamım sadece kariyer oluşturma, akademik başarı elde etme vb. şekilde dünyevi hazlar ve kaygılardan oluşuyordu. Seninle tanıştıktan sonra yıllardır bastırdığım ve duymamakta da ısrarla direttiğim yüreğimin bana fısıldadıklarını duymaya başlıyorum. Manevi yönüm oysaki rüyalarımla, karanlık gizleriyle, ergenliğimden beri bastırdığım duygularımla hep bana sesini duyurmaya çalışmış. Demek ki zamanı gelmiş ve ben tüm bunları şimdi duymayı talep ediyorum.

LOGOS: Bir kişinin benlik duygusu ne kadar güçlüyse samimi içten davranıp yakınlaşma becerisi de o kadar güçlüdür. Tam bir benlik duygusuna sahip olmayan kişiler, güvensiz kişiler yapay, çatışmalı ve doyumsuz ilişkiler yaşarlar. Samimiyet duygunu yetiştiğin ailede öğrenemediğin için ikinci bir dil öğrenir gibi öğreneceksin. Önce kendinle sıcak bağ kurmalısın ki sonra diğerleriyle de kurabilesin. "Canım" kelimesi samimi ve koca bir nefeste kendine ve sevdiğin kişilere verebileceğin en büyük armağandır. Senin de artık benliğini giderek güçlendirdiğini ve sevdiklerini canım diye hissederek kucaklamaya hazır olduğunu görüyorum. Harikasın, yolculuğunun haritasını çıkarmaya devam o halde! Şimdi yaşama çocuk gibi heyecanla bakabilmenin ötesine geçmeni istiyorum. Bu anlattıklarım daha da hoşuna gidecek bundan eminim. Kendini şimdi kısa bir süreliğine anı defterinin gücüne bırakmanı ve akılcı yönünü zayıflatmanı istiyorum. Bunun ilginç sonuçları olacak.

VAVEYLA: Bunu yapmaya çalışıyorum ama yapamıyorum. Zihnim ağır basıyor.

LOGOS: Pekâlâ şimdi yine aynada gözlerinin içine bak ve birkaç dakika boyunca "Sen ve ben biriz, sen ve ben biriz, sen ve ben biriz!" şeklinde tekrarlayarak anı defterinle bağlantı kur. Sonra gözlerini kapat ve zihninde hatırladığın en küçük Vaveyla'yı düşün. Sadece küçük Vaveyla'nın gözlerinin içine baktığını imgele ve ona şunu sor: Küçükken en çok severek oynadığın oyun neydi? Ayaklarının yerden kesildiği ve zaman dursa gün hiç bitmese dediğin? Hadi şimdi bunu küçük Vaveyla'ya sormanı istiyorum! Sor ve cevabı bekle, cevap sana en kısa süre içerisinde gelecek.

VAVEYLA: Evet ağaç yapraklarından yemek yapmayı çok seviyorum. Hatırlıyorum hatta kum ve taşları sarma içi yapıp ağaç yapraklarından sarma sarıyorum şimdi. Yaklaşık 7 yaşında falanım ve tutkulu bir ilgimin anısı bu. Ağaçlar, yapraklar, taşlar, tuğlalar, çubuklar... Biliyor musun bir zamanlar olduğu gibi o küçük çocuk hâlâ içimde bir yerlerde ve şimdiki erişkin halimin yoksun olduğu yaratıcı bir hayata sahip! Aman Allahım içimdeki çocuk fırlayıp çıktı adeta ortalıkta dolaşıyor. O kadar güçlü ki sanki bir bir ateş parçası ve ben onu tutamıyorum. Bu çok güzel, bu çok güzel! Ah Vaveyla, küçük Vaveyla, seni ne kadar da özlemişim, evcilik mi oynuyorsun sen? Bir daha gitme, beni terk etme, hep burada benimle kal olur mu? Vaveyla ah Vaveyla, kalbinin sesini duyuyorum, ruhunun derinlerindeki goncayı görüyorum.

LOGOS: Uzat Vaveyla küçük Vaveyla'ya elini uzat ve onu kucaklayıp yüreğine al hadi!

VAVEYLA: Gel küçük Vaveyla gel hadi! Vaveyla tut elimi. Ooo ne kadar da küçücük ellerin var. Gel hadi gel kucağıma. Canım sen sıcacıksın. O kadar sıcaksın ki ruhumun en derin katmanlarındaki tüm buzulları eritiverdin adeta. Gitme artık hep benimle kal Vaveyla!

LOGOS: Gözlerini aç ve şimdiye gel Vaveyla: Yaşadığın deneyimin ne kadar etkileyici olduğunu ve içindeki birçok yaralarını iyileştirdiğini görüyorum.

VAVEYLA: Kalbim yerinden fırlayacak gibi bu çok ama çok güzeldi. Keşke hiç bitmeseydi. Evet bundan sonra istediğim zaman benzeri oyunlar oynayarak çocukluk evremi yeniden canlandırabilirim öyle değil mi? Baştan çocuk gibi oyun oynarken kendimi mahcup, komik ve aşağılanmış hissettim ama kısa bir süre sonra bunun o yaştaki

Vaveyla'nın özüyle yeniden temasa geçmenin iyi bir yolu olduğunu fark ettim.

LOGOS: Rüyanla oynadığın oyun arasındaki bağı da kurabildin mi Vaveyla! Seni doğaya çeken bir şey var! Ah Vaveyla kalabalık yerlerde değil, sana fısıldadıklarını duyabileceğin, ilham alabileceğin sessiz yerlerde dolaşmalısın. Beynin sessizliğe ve huzura ihtiyaç duyuyor. Zihnini doğada uyararak bir uyaran ve zihnindeki karşıtlıkları birleştirecek gücün sesini duymaya çalışmalısın Vaveyla! Nereye gitsen orayı kucaklayıp eve getirmek istemelisin. İşte öylesine ait hissetmelisin kendini gittiğin yere! Doğadan sana gelen eşzamanlı iletileri duyabilmelisin. Sen topraktan, doğadan koptukça kendinden ve yaşamdan da koparak zihninde adeta ikilik yarattın. Yeniden bütünleşebilmen ve yenilere yer açabilmen için kendini doğanın kucağına bırakmalısın. Aradığın gizli bilgiler sen doğayla bütünleştikçe sana ulaşacak! Benliğinin karanlık bakamadığın köşelerine korkma bak! Güçlenebilmek ve tamamlanabilmek için bak! Bu basit eylemler kendini iyi ve güçlü hissetmeni sağlayacak! Zamanla mekândaki sessizlik duygusundan ve doğayla uyum içerisinde olmaktan inanılmaz keyif alacaksın!

VAVEYLA: Ah ne kadar da haklısın! Biraz önce beni hayalimde çocukluğuma götürdüğünde doğada oynayıp yaprak sararken bile çok eskilere dayanan düşüncelerimin yüzeye çıkmasını sağladın. Yaşam sürekli bir akış halinde bunu hissettim. Biliyor musun, biraz önce neyi fark ettim biliyor musun? Çocukken evimin içindeki sarma sardığım mutfağım sadece kendimin girebileceği özel bir alandı. İzin almadan kimse buraya giremiyordu. Biraz önce zihnimde evciliğimdeki mutfağa gittiğimde büyük bir içhuzuru ve ruhsal yoğunlaşma hissettim. Orası kendim olduğum, yargılanmadığım, eleştirilmediğim, tüm yaratıcı özelliklerimi sergilediğim ve kendim olduğumu hissettiğim muhteşem bir yerdi.

LOGOS: Vaveyla ne zaman kendini kötü hissetsen bu yöntemi kullanarak kendini iyi hissetmeni sağlayabilirsin. Evinde mutfağına git ve aynı çocukluğundaki gibi kullan orayı. Kendini en derinden kendin olarak hissedebilirsin, rahatlayabilirsin ve zaman sınırları dışında var olan o yaratıcı parçan olabilirsin. Bundan sonra kendi iç düşünce ve duygularına kulak ver. Çocukken oynadığın yaratıcı oyunları önemse, onları utanmadan sıkılmadan aynı küçük Vaveyla gibi oyna. Bu yaratıcı oyunlar anı defterine ulaşabilmen için harika birer araç ve değerini bil. Bundan sonra ne zaman bir rahatlama ve esinlenme ihtiyacı hissetsen bu ve bunun gibi küçükken oynadığın yaratıcı oyunlara başvur. Emin ol bunlar sana çok iyi gelecek. Zaman zaman yalnız kalmaktan kaçınma. Tek başına bir odada oturup duvara bakmandan ve diğer insanların ne kadar da mutlu olduğunu düşünmenden bahsetmiyorum. Evde tek başına kalıp müzik dinlemenden, oturup kahve içip dinlenmenden bahsediyorum. Sürekli kalabalıkta ve diğer insanlarla birlikte olduğunda diğer kişinin ne düşündüğünü, duygularının neler olduğunu tahmin etmeye çalışıyorsun. Oysa yalnız kaldığında beynin rahatlıyor ve daha kolay odaklanıyor. Yalnız kalarak kendini özgürleştirebilir ve daha iyi tanıyabilirsin. Kaliteli bir şekilde kendini yalnız hissetmeden zaman geçirebilmen çok önemli. Bunun için özel aktivite geliştirebilir, spor yaparak endorfin salgını artırabilir, tüylü evcil hayvanla zaman geçirebilir, yaratıcı olabilir ve meditasyon yapabilirsin. Yalnız kalınan zamanlar değerlidir, sana iyi gelir ancak bu durum yalnızlığa döndüğünde işte bu sorun haline gelir. Unutma yalnızlık erken ölüm riskini artırıyor ve hiç acımadan öldürüyor. Yine yaşamın muhteşem dengesine dikkatini çekerim Vaveyla!

VAVEYLA: Ne kendimle dost olup kaliteli zaman geçirebiliyorum ne de diğer insanlarla.

LOGOS: Bak Vaveyla hayatında kalması, seninle konuşup sohbet edip dertleşmesi, ilgisini ve dikkatini sana vermesi için kimseye sakın yalvarma. Su gibi ol **VAVEYLA:** Su akarken önüne çıkan pislikleri, engelleri aşar ve yoluna devam eder. Bu pislikleri ve çöpleri de beraberinde akıp gittiği yere taşımaz. Onları bırakır ve yoluna öyle devam eder. Bu engelleri aşarken de en güçlü noktalarına değil en zayıf noktalarına odaklanır ve öyle aşar. Su Vaveyla, su gibi olmalısın anlıyor musun beni? Şimdi şu lavabonun deliğini kapattığımızı ve içerisini suyla doldurduğumuzu düşün. İçerisine bir bardak atsan ne olur. Su hemen bardağın içini doldurur, etrafını sarar ve iyice kaplar. Bardağı sudan çıkarttığında ise suda bardağa dair hiçbir iz kalmaz. İşte yoluna çıkan engellere su gibi tutun. Su engelle karşılaşınca nerede yükselip nerede alçalacağını iyi çok iyi bilir. Sen de su gibi ol ve nerede duracağını iyi, çok iyi hesapla. Tüm engellerini aşıp gittiğinde sende iz kalmasın. Bırak aksın gitsin, bırak sende iz kalmasın. İzin ver ve olsun. Teslimiyet olana izin vermektir Vaveyla.

Senin dostluğunla yetinmeyen kişiler için hiçbir fedakârlıkta bulunma. İlişkilerinde içine atmak seni çok yoruyor. Bildiğin her şeyi söylemek zorunda da değilsin. Duyduğun her şeye inanma ve yapabileceğin her şeyi de yapma. Bırak içinde saklı ve sadece sana ait bir bahçen her zaman bulunsun. Kimseyi iyileştirmeye çalışma Vaveyla anlıyor musun? İyileştirdiğin kişinin hastalandıracağı ilk kişi sen olacaksın. Kimsenin kaderini değiştirmeye müdahale edecek kadar iyilik yapma! Diğerlerinin yaşam derslerine ve deneyimlerine engel olma! İlişkilerinde kendin ol Vaveyla! Kendini, sevmeyi ve olduğun gibi olmayı öğrendiğinde yaşamda seni şaşırtacak güzellikleri görmeye hazır ol! Unutma hep soruda kal! Cevapların peşine düşmeden hep soruda...

VAVEYLA: Vay be işte bu muhteşemdi buna bayıldım.

LOGOS: Anlattıklarımı beğenmene sevindim. Ancak tüm bunları başarabilmen için şükretmeyi sık sık kendine hatırlatmalısın. Önce sahip olduğun şeylere odaklanıp bunlar hayatında var oldukları için şükretmelisin.

VAVEYLA: Büyümek çok yorucuymuş. Şimdi düşünüyorum da sanırım ben sahip olduklarımı hiç önemsemiyorum. Onların zaten benim olduğunu düşünüyorum. Hep sahip olmadıklarıma odaklanıyorum. Büyük bir ihtimalle bu yüzden de şükredemiyorum.

LOGOS: Bak şimdi sana basit bir örnekle bu yaptıklarını anlatmaya çalışacağım. Elinde kek hamuru olduğunu düşün. Ama sen bu kek hamuru ile ısrarla poğaça yapmaya çalışıyorsun. Sonuçta ortaya çıkan ne poğaça ne de kek oluyor. Sonra da ben niye poğaça yapamadım diye üzülüyorsun. Elinde poğaça olmadığı için de isyan ediyorsun. Elindeki kek hamuru ile harika bir kek yapabileceğini göremiyorsun. Anladın mı? Oysaki öncelikle elindekinin bir kek hamuru olduğunu kabul etmelisin. Bu kek hamuruna sahip olduğun için şükretmelisin. Daha sonra da bu kek hamurundan yapabileceğin en iyi keki yapmaya çalışmalısın.

VAVEYLA: Ne kadar da doğru söylüyorsun. Bu verdiğin örnek zihnimde güçlü bir farkındalık yarattı. Geçen gün önce Arda'ya matematik sorusunu çözemediği için çok kızdım. Onu aşağılamakla kalmadım. Hırsımı alamadım çocuğun üzerine yürümeye başladım. Bu sırada avazım çıktığı kadar ona şöyle bağırdım: "Başkaları yapıyor sen neden yapamıyorsun? Sen geri zekâlı mısın?" Şimdi sen söyleyince daha sakin düşünebiliyorum. Belki çocuğun matematik zekâsı yok. Öyle değil mi? Belki çok iyi bir tarihçi olacak. Ben hiçbir zaman kendimi olduğum gibi kabul edemedim. Hatta yaşamımdaki kimseyi hiçbir zaman olduğu haliyle kabul ettiğimi söyleyemem. Sahip olduğum hiçbir şeye hiçbir zaman şükredemem demek bundan kaynaklanıyormuş. Başkalarının çocuklarına, kocalarına, işlerine, evlerine, vücutlarına hep özendim durdum. Hayatımdaki insanları da sürekli eleştirdim. Onları farklı kalıplara sokmak için çok zorladım. Şimdi düşünüyorum da çocuklarımı da mahvettim ben. Aman Allahım ben kendi yetersizliklerimi, memnuniyetsizliklerimi, neredeyse hemen hemen hepsini çocuklarıma da yansıttım. Onları sürekli eleştirip düzeltmeye çalıştım. Çocuklarımı hiçbir zaman oldukları gibi kabul edemedim. Ya onlar da benim gibi olurlarsa? Benim çektiğim sıkıntıları çekerlerse? Hayır onlar benim yaşadıklarımı yaşamamalılar. Onlar benim girdiğim tünele girmeden yaşamın şifrelerini çözmeliler. Nasıl gözüm bu kadar döndü? Hayatım nasıl bu denli karardı? Daha senin kim olduğunu bile bilmiyorum. Ama hayatımda var olduğun için şimdi sana yürekten şükrediyorum. İyi ki seninle tanıştım. İyi ki varsın. Ya seninle tanışmasaydım? Hadi bana yol göster. Bu döngüyü kırabilmek için daha neler yapmalıyım, tam olarak nereden başlamalıyım?

LOGOS: Ah Vaveyla senin kendinle yüzleşmeye yüzün olmadığı için yaşamında yer alan diğer kişilerin hep hatalarına kilitlendin. Korkma artık kendinle yüzleşme cesareti gösteriyorsun. Giderek kendinle yüzleşmekten korktuğun için bastırdığın yönlerin onlara daha çok yansıyordu. Bu durum sen kendinle yüzleşmeye devam ettiğin sürece eksilecek ve ilişkilerin otomatik olarak düzelecek! Çocuklarının çocukluğunun hayalden ibaret olmaması için onlarla birlikte anı yaşamayı mutlaka öğrenmelisin Vaveyla! Bunu başarabilmen için önce kendi içindeki bazı engelleri fark etmelisin. Akıllı davranırsan çocukların senin en güçlü terapistlerin olur. Ama çocukların senin terapistin olmamalı Vaveyla! Çocukların inanılmaz bir iyileştirme gücü vardır. Bunun için kendini çocuklarına duygusal anlamda bırakman gerekir. Hem çocuklarının senin yüreğine erişmesine hem de kendine çocuklarının yüreklerine erişebilmesi için izin vermelisin. Bunu ancak çocuklarında ayna nöronlarını aktive ederek oluşturabilirsin. Ayna nöronları da ancak güven, saygı ve sevgi ile aktive edebilirsin. Ayna nöronların aktive olduğu anda ilahi düzen sana en iyi şekilde hizmet etmek üzere harekete geçecektir. Yeter ki sen evrene akıllı sor ve hep soruda kal. İlahi düzen sana en iyi cevabı zaten sunacaktır. Soruda kalırsan, cevabı alırsan, cevabın peşine düştükçe kaçırırsın. Bu yüzden insanlar para dedikçe parayı, aşk dedikçe aşkı kendilerinden kaçırıyorlar. Peki gelelim şimdi asıl meseleye. Ne oluyor da sen çocuklarınla duygusal bağ kuramıyorsun? Şimdi burayı çok iyi dinle Vaveyla! Hepimizin çocukken ebeveynlerimizden almamız gereken dört temel ihtiyacımız vardır. Bunlar sevgi, saygı, aitlik ve güven duygularıdır. Sen bunları kendi anne babandan yeterince alamadığın için çocuklarından almaya çalışıyorsun. Aile içi dinamikleri bozuyorsun. Rolleri değiştiriyorsun, sen adeta bir çocuk, onlar da ebeveyninmiş gibi davranıyorsun. Daha önceden de söylediğim gibi zihnin tamamlamaya yönelik programlanmıştır. Anı defterin bu ihtiyaçlarını çocukların üzerinden alıp tamamlamaya çalışıyor. Rüyanda gördüğün sürekli seni kovalayan köpeğin babanın sembolü olduğunun artık farkındasın değil mi? Babandan alamadığın güç ve güven duygusu için baba faktörü rüyana giriyor. Babanla tamamlaman gereken anıların var. Yaşlı beyaz saçlı kadın ise annen. Annene güvenli bağlanamadığını rüyalarında anı defterin sana gösteriyor. Sen anne veya babandan alamadığın bu duyguları çocuklarından almaya çalışıyorsun. Zaten koşulsuz sevgiye ihtiyacı olan çocukların kendisini kullandırmaya hazır. Sen duygularını yönetmeyi öğrenmezsen duygularını bastıran yeteneksiz ve sağlıksız kişiler yetiştirmiş olacaksın. Çocuklarına duygusal olarak bağlanmayı öğretemezsen sana, eşine, okula, arkadaşa, daha sonra eşlerine, çocuklarına bağlanamazlar ve huzursuz olurlar. Çocuklarının en mutlu olduğu anlar davranışlarının denetlenmediği özgür bırakıldığı anlardır. Onların kendileri olmalarına izin vermelisin. Çocukların çocukluğunu yaşayıp kendileri olabildikleri kadar birer birey olacaklar. Hadi Vaveyla çocuklarının varlığı için şimdi yürekten şükret! Çünkü onların özünde sadece seni değil içinde yaşadığın şu toplumu iyileştirebilecek büyülü bir güç mevcut. Onlara erişmeni sağlayan ruhundaki kalın duvarları yık. Oradan birbirinize karşı akan sıcacık şefkat ve merhamet duygusu duygusal bağ kurmanızı sağlayacak. Çocukların yüreği zaten hazır, onlar bitmek tükenmek bilmeyen bir arzuyla sana kendilerini koşulsuzca her zaman bırakmaya hazırlar. Çocuklarına "Sizin için buradayım!" mesajını vermen onlara bırakabileceğin en büyük hazinedir. Üstüne sıçrayacağını bildiğin halde suya taş atman gibi öfkeni çocuklarından çıkarma. Öfkelendiğinde ruhun daraldığında vücut kokun bile değişiyor! Sen Vaveyla sen önce kendi yüreğine şefkati, merhameti ve sevgiyi fısılda. Yüreğin bunları senden duymak istiyor. Şimdi beni çok iyi dinlemeni istiyorum Vaveyla: Sana biraz önce ayna nöronlardan bahsettim. Şimdi bunu biraz daha açıp iyice pekiştirmeni istiyorum. Bir hayvanın herhangi bir hareketi kendisi yaptığında ve aynı hareketi yapan birini gözlemlediği durumların her ikisinde de ateşlenen nöronlara ayna nöronlar denir. Bu nöronlar, gözlemci sanki karşısındakinin hareketini kendisi yapıyormuş gibi aktifleşirler (tıpkı bir ayna gibi davranırlar, isim buradan gelmiştir). İnsanlarda da ayna nöronlar ile tutarlı aktiviteler vardır. Karşında birisinin esnediği zaman senin de esnemen, limonu gözünde canlandırınca ağzının sulanması, hüzünlü bir film izlediğinde ağlaman. Hepsinde de gerçek olmadığını bildiğin halde gerçekmiş gibi tepki verirsin. Çünkü ayna nöronların harekete geçmiştir. Futbol maçlarında, cenaze törenlerinde, düğünlerde ayna nöronlar aktiftir. Ayna nöronları kişi güven, sevgi ve saygı duymadığı anlarda otomatik kapatır. Eşinle, çocuklarınla şu anda ilişkinin tıkanmasının sebebi ayna nöronlarınızı birbirinize karşı kapatmış olmanızdandır. Çocukların anne babalarını dinlememelerinin sebebi de çocukların anne babayla güven, saygı ve sevgiden oluşacak olan duygusal bağı kuramayıp kendisini kapatmasındandır. Şu anda içinde bulunduğunuz toplumda birtakım sorunların giderek artmasının sebebi, ayna nöronlardır. Bu yüzden akıllı olmalısınız. Ayna nöronlarınızı istediğiniz zaman aktive edip, istediğiniz zaman kapatabilmeli, duymamayı başarabilmelisiniz. Bunun için aynanın karşısına geçip ayna nöronlarını istediğiniz yönde bilinçli olarak aktifleştirmek en güçlü ve etkili yoldur. Ayna kendin ile ilgili duygu ve düşüncelerini sana geri yansıtır. Yaşamda nerede takılı kaldığını, nerede evet deyip uyumlu olduğunu anında fark etmeni sağlar. Aynan sana bolluk bereket dolu heyecanlı ve coşkulu bir yaşam için hangi düşünceleri değiştirmen gerektiğini açıkça ortaya koyar. Hak ettiğin ilişkiyi yaşamana engel olan eksik parçalarını görüp bütünleşip tamamlanmanı sağlar. Şimdi aynada gözlerinin içine bakıp "Sen ve ben biriz" dedikten sonra derin bir nefes al. Nefesini tut, iyice derin derin gözlerine bak. Beyin dalgaların yavaşlayacak, bu yavaşlamayla birlikte çocukluğundan bugüne kadar taşıdığın davranış biçimleri inanç sistemleri ve bakış açılarına erişebileceksin. Yaşamında daha çok var olmaya başlayacaksın. Geçmiş artık eskisi gibi geleceğine yansımayacak. Hayatında tam olarak önüne gelecek fırsatları gerçekleştirme olasılığını değiştirmiş olacaksın. Aynanın karşısında ayna nöronlarını aktive ettiğin zaman yaşamının her alanında değişimi kolaylaştırmış olacaksın. Daha bilinçli hareket etmiş olacağın için kapılarını tüm iyileşmeye ve fırsatlara açmış olacaksın. Bilim de zaten bunu size kanıtlamıştır. Hücreleriniz olumsuz düşünce, hisler ve duyguların etkisi altındayken daha eliptik bir şekil almaktadır. Aynaya bakarak bilinçli daha iyi bir seni zihninde canlandırıp ayna nöronlarını aktive ettiğinde hücrelerin bu olumlu hisleri alacak ve normalde oldukları gibi daha dairesel biçimlere dönecekler, böylece bedenin de rahatlayacak. Hadi şimdi gözlerinin içine daha derin bak. "Tüm yaşamımın nasıl olması hoşuma gider?" sorusunu kendine sor. Cevaba geçme, cevabı arama. Gözlerine bak ve soruda kal. Evrene bu şekilde akıllı sorular sor ve aynada kendini izle. Dediğim gibi cevabı aramadan sadece sorularda kalarak izle. Soru sorduğunda yüzüne bak, bedenini izle Vaveyla: Enerjinin değiştiğini hissedeceksin. Sürekli soruda kalarak tüm yaşam sana neşeyle ve kolayca akmaya başlayacaktır. Sen soruda kalmaya çalışırken ayna nöronların çoktan cevabı almış ve aynada sana yansıtmaya başlamış olacaklar bile. Mademki beynin hayalle gerçeği ayırt edemiyor, aynada hayatının nasıl olmasını istiyorsan izle. Ama, güvenerek, sevgi ve saygıyı en yoğun şekilde hissederek izle. Yüzünde bu neşeyi, coşkuyu, rahatlığı gör. İki gözünün ortasına odaklanarak ayna nöronlarını aktifleştirdiğini hisset. İstemediğin hayatı yaşıyorsun çünkü sana ait olmayan başkalarının düşüncelerine inanıyorsun. Artık bu düşünceleri iptal zamanı geldi. İnsanlar hüznü yaşamayı, doğru neşeli olmayı yanlışmış gibi empoze ederler. Fark ettin mi insanlar birbirlerine genelde neşeli olduklarında "Hayırdır ne oldu, neden neşelisin?" diye sormazlar ama "Ne oldu, neden üzgünsün?" diye hemen sorarlar. Hadi yüreğinde hisset sevginin, neşenin, şefkatin tüm sıcaklığını. Bu sevgi öylesine büyük olmalı ki bedenine sığmayıp senden çocuklarına, tüm sevdiklerine ve yaşama taşıp akmalı! Hisset hadi bunu şimdi hisset! Aynada gör gördüklerini, duy duyduklarını ve hisset hissettiklerini Vaveyla.

VAVEYLA: Sanırım yavaş yavaş artık o sıcaklığı hissedebiliyorum! Yüreğimin körelmiş sığ karanlık odalarından çocuklarıma coşkuyla akan sevginin sıcaklığını hissediyorum. İyi ki varsınız yavrularım. İyi ki varsın Arda'm, Merve'm ve Zehra'm! Bunu, bu sevincimi tüm dünyaya haykırmak istiyorum. Allahım bana bu sevmenin gücünü verdiğin için sana şükürler olsun. Peki...

LOGOS: Şışşşt, heyecanını çok iyi anlıyorum! İlk kez sevmenin ve şükretmenin gücünü tüm hücrelerinde hissediyorsun. Şu anda hak ettiğin ve bedelini ödediğin bir mutluluk anının içerindesin. Bu anının içerisinde biraz kal ve keyfini çıkar.

VAVEYLA: Galiba yine haklısın. Acele edip koşmaya çalışıyorum. Oysaki burada biraz kalıp uzun süredir özlemini duyduğum mutluluğu hissedebilmeliyim. Ancak her an tünele geri girmekten çok korkuyorum. Sanırım bunun için acele ediyorum.

LOGOS: Sana faydası olmayan alışkanlıkların hâlâ devam ediyor olması çok normal. Merak etme bunları artık yavaş yavaş bırakacaksın. Zamanla her şey yoluna girecek. Günlük hayatın gerçekleriyle yüzleşince öğrendiklerini uygulayamayacağından korkuyor ve ümitsizliğe kapılıyorsun. Burada konuştuklarımızı hemencecik hayata geçirebilmen çok da kolay değil. Zihninin eski alışkanlıklarını bırakabilmesi için biraz zaman gerekiyor. Ancak sen ne kadar kararlı olursan zihninin alışkanlıkları da o denli güçsüzleşecektir. Yağmurun ardından tüm cömertliğiyle gökkuşağı çıktığına göre ümitsizliğe gerek yok!

Zor anlarında her zaman benden yardım isteyebileceğini sana tekrar hatırlatmak isterim. İstediğin zaman bana başvurabilirsin. Her zaman seninleyim.

VAVEYLA: Bu söylediklerin çok güzel ve değerli bilgiler. Umarım hayatıma geçirmeyi başarabilirim. İnşallah anı defteri yine beni esir almaz. İstemediğim deneyimlere beni sürüklemez. Bazen aptalca davrandığımı düşünüyor ve kendimi affedemiyorum.

LOGOS: Kendine kızma. Kendine çok haksızlık yapıyorsun. İçindeki sana yapamayacağını ve olmayacağını söyleyen ses muhtemelen yapacağın şeyden korkuyor. Alışkanlıkları değiştirmek bu kadar kolay olsaydı emin ol dünya çok daha iyi bir durumda olurdu. Bu yaşadığın süreç çok doğal. Bak zamanı geldi ve benimle tanıştın. Kendini bana bıraktın ve değişime izin verdin. Bu süreçte anı defterinde daha belirgin kaydedilmiş bazı yerlere dönmen çok normal. Anı defterinde sana hizmet etmeyen bölümlere karşı farkındalık geliştirmelisin. Bu bölümleri atlayıp artık tekrar etmemeye başladıkça onlar silinecekler. Anı defterinde bulunanları uygulamaya devam ettiğin sürece ise yazıların belirginliğini daha da artıracaksın.

Anı defterini ders notlarının bulunduğu bir defter gibi düşünebilirsin. Ancak bu defterin içerisinde sınavda çıkmayacak önemsiz ve zaman kaybettirecek notlar da mevcut. Sınavda iyi bir not alıp başarılı olabilmen için önemli olan yerleri önemsiz olan yerlerden ayırt edip daha iyi çalışman gerekiyor. Öyle değil mi? Çalışırken önemsiz dediğin yerleri zaman kaybetmeden atlaman gerekiyor. Sen ise defterinde yer alan önemsiz ve atlamam gereken bu yerleri atlamıyorsun. Bir de buraları defalarca tekrar edip adeta ezberlemeye çalışıyorsun. Neden? Nedenini de artık bildiğini düşünüyorum. Çünkü bu anılar tamamlanmak istiyorlar. İşte bu tamamlanma ihtiyacı olan kısımların farkına varacaksın. Bunların anı defterinin birer özelliği olduğunu kendine hatırlatıp bilinçli hareket edeceksin.

VAVEYLA: Bir yerde kafam karıştı. Bu anı defterinde tamamlanması gereken anılar var ya yani?

LOGOS: Evet...

VAVEYLA: Günlük hayatımda bunları nasıl ayırt edeceğim, nasıl farkına varacağım?

LOGOS: Öncelikle bedenin çok iyi bir takipçisi olmalısın. Anı defterinde artık sana hizmet etmeyen bir anıya takıldığında bedenin mutlaka sana sinyal verecektir. Bedenin senin en güçlü yol göstericindir. Farkındalığını önce bedenin üzerinde geliştirmelisin.

VAVEYLA: Bedenime karşı farkındalığımı nasıl geliştirebilirim ki?

LOGOS: Zihnin anı defterindeki tamamlanmayı bekleyen bir olayı tamamlamak için harekete geçtiğinde bedenin mutlaka sana birtakım sinyaller verecektir. Nefesinin hızlanması, dakikadaki solunum sayının artması, titremen, tırnak yemen, dudak ısırman, terlemen, ses tonunun değişmesi ve avuçlarını sıkman gibi. Bunların dışında senin hissettiğin bedeninin farklı sinyalleri de olabilir.

VAVEYLA: Bedenim bu sinyalleri verirken zihnimde neler oluyor?

LOGOS: Anı defterinde kayıtlı bulunan ve sana hizmet etmeyen bu tamamlanmayı bekleyen anıların düğmesine basılıyor. Anı defterin de bu deneyimine benzer en güçlü ne kaydettiyse onları sana tekrar söylemeye başlıyor. Tıpkı bir papağan gibi!

İşte bu süreçte hemen benimle iletişime geçmelisin. Yönetimi anı defterinden alıp hemen bana teslim etmelisin. Bana o anda "Zihnimden hangi düşünceler geçiyor?" şeklinde sorabilirsin. Ardından zihninden geçen bu düşüncelerinin içinde bulunduğun an ile ilgili bir gerçekliği olup olmadığını sorgulamalısın. Yani bu düşünceler anı defterinden mi geliyor? Yoksa şu anda bu olumsuz düşüncelere sahip olmana sebep olacak bir gerçeklik söz konusu mu? Bunu ayırt etmelisin. Zihninden geçen çoğu düşünceler ya geçmişin pişmanlıklarından ya da geleceğin endişe ve belirsizliğinden gelir, bunun için çok iyi bir yargıç olup bu düşünceleri yargılamalısın! Zihninin oyunlarına karşı uyanık ol Vaveyla!

VAVEYLA: Bunu yapabilir miyim sence gerçekten?

LOGOS: Sen merak etme. Bunun için gereken neyse sana gerekli yardımı sağlayacağım. Sürece göre neler yapman gerektiğini uygulayabileceğin seçeneklerini sana sunacağım. Anı defterinin bu notlarına artık ihtiyacın olmadığını sana hatırlatacağım. Birlikte yeni baş etme yöntemleri arayacağız. Bu anılar da sen tekrar etmemeye başladığın için zamanla silineceklerdir. Anı defterinden gelen ve sana kendini iyi hissettirmeyen bu düşünceleri değiştirme gücüne sahipsin. Bazen düşünceleri değiştirmek zor olabilir. Böyle bir durumda bedenin aracılığıyla düşüncelerinin hızla değişmesini sağlayabilirsin. Unutma bunun için çok iyi bir yargıç olmalısın. Zihninden geçen düşüncelerin gerçekçiliğini çok iyi sorgulamalısın. Bu düşüncelerin çoğu zaman gerçekçi olmadığını göreceksin. Böyle durumlarda hemen bedenin ile işbirliği yaparak düşüncelerini değiştirebilirsin.

VAVEYLA: Nasıl yani bu kısmı anlayamadım.

LOGOS: Örneğin zihninde yoğun kaygı yaşıyorsun. Bedeninde de bunun belirtilerini hissediyorsun. Bu düşüncelerin şimdiye değil anı defterine ait olduğunu fark ettin. Ancak bu düşüncelere hükmedemiyorsun. Ne yaparsan yap seni rahatsız eden düşüncelerden özgürleşmiyorsun. İşte böyle durumlardan bahsediyorum. Böyle durumlarda bedeninde bilinçli olarak birtakım değişiklikler yaparak düşüncelerini de değiştirebilirsin. Çünkü beden ve zihin birlikte hareket eder. İkisini birbirinden ayırt edemezsin. Yani sen mutluyken avuçlarını sıkıp, dudaklarını ısırmazsın, terlemezsin. Anlatabiliyor muyum? Bu anlatmak istediğimi şu şekilde de düşünebilirsin: Örneğin televizyon kanalını değiştirmek istiyorsun. Ancak ne kadar uğraşsan da kanalı uzaktan kumanda ile değiştiremiyorsun. Sen de televizyonun bazı düğmelerini elinle oynayarak, kurcalayarak kanalı değiştiriyorsun.

VAVEYLA: Süper, tamam anladım. Düşüncelerime hükmedemediğim anda bedenime hükmedeceğim. Örneğin eşime çok kızdım. Bu kızgınlığıma sebep olan düşüncelerimi değiştiremiyorum. Böyle anlarda nefesimi yavaşlatabilir, ses tonumu yumuşatabilirim, belki hafif gülümseyebilirim.

Olumsuz düşüncelerden kurtulmaya kararlı olmam ve bedenimi harekete geçirmem gerekiyor. Böylece otomatik olarak düşüncelerimi de değiştirecek ve ben kendimi daha iyi hissedeceğim.

LOGOS: Evet dersi çok iyi dinliyorsun. Bu arada sana bir şeyi daha hatırlatmak istiyorum. Anı defteri sadece kötü anılarla dolu değildir. İçerisinde bizim bedenimize, ruhumuza ve sağlığımıza iyi gelen çok değerli anılar da mevcuttur. İhtiyacın olduğunda bunları sık sık ziyaret edebilirsin. Bilinçli zihnin resmin yani hayatının yalnızca bir parçasıdır ve küçük bir daire gibi daha büyük olan anı defterinin içerisinde yer alır.

VAVEYLA: İşte buna bayıldım. Bunu sık sık yapacağım.

LOGOS: Pekâlâ şimdi kaldığımız yerden devam edelim. Artık tamamlanmayı bekleyen anını tamamlayalım. Anı defterin bu dosyayı bir daha açmamak üzere kapatsın. Biz birlikte sende değersizlik duygusu yaratan anının içerisine girdik. Ancak anı defterini tamamlamadık. Yani senin anı defterine asıl eklemek istediklerini eklemedik. Senin iyileşmen tam olarak işte bu süreçten sonra başlayacak.

İstersen artık anının içerisine girelim ve tamamlama işlemini gerçekleştirelim. Ne dersin?

VAVEYLA: Evet ben de tam bunu soracaktım biliyor musunuz?

LOGOS: Peki şimdi tekrar aynada gözlerinin içine bak, "Sen ve ben biriz, sen ve ben biriz, sen ve ben biriz..." şeklinde birkaç dakika tekrar et, sonra gözlerini tekrar kapatarak anı defterinle bağ kur.

VAVEYLA: Tamam.

LOGOS: Pekâlâ başlayalım o halde.

Şimdi yukarıda anlattığın annenle babanın o kavga anlarına geri dönmeni istiyorum. Tamam mı girebildin mi aynı anıya tekrar? Annenle babanın kavga sahneleri, portakal kokusu, kırmızı koltuk, hepsini yeniden canlandırabildin mi? Bu resmin içerisine tüm duygularınla yeniden girmeni istiyorum.

VAVEYLA: Evet.

LOGOS Peki bana bu anı defterine büyük harflerle ve önemli diye kaydettiğin yeri tekrar anlat.

VAVEYLA: Kırmızı koltukta otururken duyduklarım. Sanırım anı defterimdeki en güçlü anılar bunlar. Her şeyin sorumlusu olduğumu duymam. Bu anda kendimi değersiz hissetmem.

LOGOS: Pekâlâ demek ki anı defterinde tamamlanmayı bekleyen kısım bu kısım. Anı defterinin güzel bir özelliği daha var. Tamamlanmayı bekleyen anıyı bir kez tamamladı mı bu anıya tekrar dönmez. Bu yüzden benim komutlarıma çok iyi uymalısın. Ben seni yönlendireceğim sen de gerekeni yapacaksın.

Kendini değersiz hissettiğin bu anda; şimdiki Vaveyla'dan yardım isteseydin küçük Vaveyla'ya ne yapmasını önerirdin? Hadi şimdi resmin içine gir ve bunları küçük Vaveyla' ya söyle.

VAVEYLA: Hayır... hayır... Bu anıya tekrar dönmemi isteme lütfen benden. Tekrar aynı acıyı yaşamaktan korkuyorum.

LOGOS: Cesaret etmelisin. Bu iyileşmen için şart. Bütün bu yaşadıkların ruhunun büyümesinin birer parçasını oluşturur. Yolun asla düz ve kolay değil. Yol sana kaotik, sonsuz, karmaşık görünebilir ve hiçbir yere ulaşamayacağın hissine kapılabilirsin. Ancak yavaş yavaş arayışında bir yerlere varmakta olduğuna dair işaretler yoluna çıkmaya başlayacak. Hep aynı yere gittiğini sonsuz halkalara gittiğini sansan da aslında bunlar sarmaldır. Hep aynı yere gittiğini sansan da aslında hep sarmalın içerisinde ileriye doğru gidersin. Bireyleşme süreci asla bitmez Vaveyla! Sen yolunda yılmadan ilerlemeye devam ettikçe toplumun sana dayattığı maskelerden uzaklaşacak, özüne ulaşacaksın. Bak şimdi Vaveyla senin yani egonun gelişiminde 4 evre söz konusudur.

Bunların ilk evresi senin yeme içme gibi fiziksel gereksinimlerini karşılamaya yönelik davranışlarının olduğu evredir. Bu evrede acımasız ve insafsızdın.

İkinci evre yavaş yavaş topluma uyum sağlamaya çalıştığın evredir.

Üçüncü evre ise dış dünyaya uyum sağlamak için mücadele ettiğin, kahramanca davrandığın evredir.

Dördüncü ve son evre ise karşıtlar arasında dengeyi kurmaya çalıştığın şu an da içinde bulunduğun evredir. Hadi şimdi söylediklerimi yap ki içindeki bu zıtlıkların dengesini sağlayalım.

VAVEYLA: Peki bu ne kadar zor olsa da deneyeceğim. Of yine kendimi çok kötü hissettim. Tamam madem bu bana iyi gelecek deneyeceğim. Haydi başlayalım

LOGOS: Peki o ana dön ve küçük Vaveyla'ya şimdiki Vaveyla ne söylemesini önerirdi hadi bunları söyle.

VAVEYLA: Bir dakika tam olarak kendimi orada hissedemiyorum. Bana biraz daha zaman verir misin? Derin nefes alıp bilinçli zihnimi biraz daha eritmem gerekiyor sanırım. Yeniden anı defterimle bağ kurmalıyım: "Sen ve ben biriz, sen ve ben biriz, sen ve ben biriz!" Evet hatırlıyorum, resmi yavaş yavaş hatırlıyorum! Ah küçüğüm, ben çok küçüğüm ama. Evet ben daha çok çok küçüğüm ya! Söylediğiniz hiçbir şeyle ilgim olduğunu düşünmüyorum. Bu söyledikleriniz beni çok üzüyor. Bunları benim yanımda konuşmanız çok yanlış. Ben korkuyorum gerçekten çok korkuyorum. Lütfen artık bu şekilde davranmayın. Ne olur artık susun. Karşınızda savunmasız, korunmasız küçücük günahsız bir çocuk var görmüyor musunuz? Bu çocuğun sevgiye ve ilgiye çok ihtiyacı var. Onun gözlerindeki acıyı ve korkuyu görmüyor musunuz? Bu çocuk acı, çok acı çekiyor ve büyüdüğünde hepsini hatırlayacak. Hadi yapmayın yapmayın artık lütfen! Yeter... Evet söyledim, her şeyi tek tek söyledim.

LOGOS: Kendini şimdi nasıl hissediyorsun Vaveyla?

VAVEYLA: İçimdeki çocukla temas kurduğumu ve onun yüreğine dokunduğumu hissediyorum. İyi çok daha iyi hissediyorum kendimi.

LOGOS: Anı defterinin bu anıyı tamamladığını hissedebiliyor musun?

VAVEYLA: Evet rahatladığımı hissedebiliyorum. Sanki gerçekten o kavga anında bütün bunları söylemiş gibi rahatladım. Haksızlığa ve hakarete uğradığım anda söylemek istediklerimi içime atmış ve söyleyememiştim. Kendimi bir böcek gibi değersiz hissetmiştim. Kaç yıldır bu duyguyla yaşıyorum. Ne zaman nerede haksızlığa uğrasam ve kendimi değersiz hissetsem artık bununla en iyi şekilde baş edebilirim. Sanırım güçlü olmak dedikleri şey bu olmalı. Kusura bakma ağlamamak için kendimi zor tutuyorum ama ben bu duyguyu daha önceden hiç yaşamadım. Sanki hep bu dünyada bir fazlalıktım. İlk kez kendimi bu dünyaya ait bir parça olarak görüyorum. Hatta kendimi şu andan itibaren dünyanın önemli bir parçası gibi görüyorum. Bu çok güzel... Sana sonsuz teşekkürler.

LOGOS: Anı defteri tamamlanmamış işleri tamamlanmış olanlardan daha iyi hatırlar. Senin yarım bıraktığın işleri kendiliğinden geri dönerek tamamlama eğilimindedir. Daha önceden tamamlayamadığın işlerini (ihtiyaç, temas, duygularını) hep bir tamamlama eğilimindedir. Bunları tamamlayana dek unutmayacak ve tamamlayabilmek için de çeşitli yollar arayacak. Bunu değersizlik duygundan yola çıkarak daha iyi anlayabilirsin. Yaşadığın çevre çocukluğundan çok farklı olmasına rağmen yıllarca aynı çocukluğundaki gibi tepki vermeye devam ettin. Geçmişindeki çözümlenememiş olan ihtiyacını şimdiki zamanda karşılamaya çalıştın. Ancak karşılayamadın. Çünkü; ihtiyacının tam olarak ne olduğunun farkında değildin. İhtiyacını karşılamak için eski bildiğin işlevsiz yolları kullanman sebebiyle ihtiyaçlarını karşılayamadın. Bu süreçte değersizlik inancını doğrulayan bir sürü deneyimin içerisine kendini soktun.

Peki şimdi biz ne yaptık da kendini iyi hissetmeye başladın, bunu merak ediyor musun?

VAVEYLA: Hem de çok merak ediyorum. Lütfen söyler misin?

LOGOS: Benimle birlikte tamamlanmamış anını fark ettin. Daha sonra bu tamamlanmamış anını yeniden yaşayarak temelindeki ihtiyaçlarına ulaştın. Bunlarla ilgili duygularını ifade ettin. Bu ihtiyaçlarını şimdi ve sonrası için karşılayabilmek için benimle iletişime geçerek alternatif yollar geliştirebileceğini öğrendin. Anı defterinin açılmamış sayfalarını açıp onlarla yüzleştin. Yüzleşmekten korktuğun anıların ve duyguların için yeni beceriler kazandın. Kısaca geçmişte tamamlanamamış anıların nedeniyle bloke olmuş enerjini şimdiye ve yeniye yöneltmeni sağladık.

VAVEYLA: Sanırım sayende giderek güçleniyorum. Gücüm arttıkça içimde yeni merak duyguları da oluşuyor. Biliyor musun, ben merak duygusunun önemini yeni anladım.

Hiçbir şeyi merak etmemek yaşamdan vazgeçmek demekmiş. İçimdeki merak duygusunu bu denli nasıl yok edebildim?

LOGOS: Sen zaten doğuştan merak duygusu ile dünyaya geldin. Senin ruhsal ve zihinsel gelişiminin temel maddesi olan merak duygun ne yazık ki anne baban ve yetiştiğin çevre tarafından daha çocukluk yıllarında bir şekilde yok edildi. Bunları anne babanı suçlaman için söylemiyorum. Onlar bunu bilerek yapmadılar. Yaşam kılavuzlarındaki bilgiler ancak bu kadarına elveriyordu. Ve sonuçta birbirinizi tabii ki seviyordunuz.

Sen bu gezegendeki yaşamın nasıl olduğunu öğrenmek istiyordun. Koltuklarda zıplamak, kar tanelerini yakalamak, dolapları açıp içindekileri karıştırmak, tencere kapaklarını birbirine vurup çıkan sesleri ayırt etmek istiyordun. Ama maalesef, anne baban bu meraklı davranışlarını çoğu kez "yaramazlık" veya "şımarıklık" olarak algıladılar. Bu yüzden hep engellemeler ile senin merak duygunu köreltttiler.

VAVEYLA: Evet hatırlıyorum, özellikle gazete yapraklarını yırtmaktan çok büyük keyif alıyordum. Ben ne zaman gazeteleri alıp yırtmaya başlasam annem bana şöyle bağırıyordu: "Yine başladın şunları yırtmaya, ver onları bana, etrafı dağıtma." Bunlar tabii ki benim yavaş yavaş merak duygumu köreltmiştir. Daha bunun gibi sayısız örnek hatırlıyorum. Öğrenmeye en meraklı olduğum dönemde sürekli yasaklarla karşılaştım. Bu aslında benim değerlilik ve merak duygumla birlikte yaşama sevincimi de yok etti.

LOGOS: Senin için en önemli duygu değerlilik duygusudur. Değerlilik duygunun oluşturulabilmesi için kişiliğine saldırılmaması, onurunla oynanmaması, ciddiye alınman ve saygı duyulman gerekirdi. Bunlar doğru ancak artık geçmişinde çocukluğunda ne yaşamış olursan ol Vaveyla senin sorunun bu değil! Senin sorunun artık dolapta bozulmuş çürümüş meyve sebzeleri tutman gibi hâlâ bunları hayatında ve zihninde ısrarla tutmaya çalışmanda!

VAVEYLA: Evet aile içerisinde kalabalık ortamlarda ailem tarafından defalarca küçük düşürüldüm, dalga geçildim. Zihnim bozuk plak gibi buna takılı kaldı. Oysaki doğru söylüyorsun, bu sözlerin üzerinden yıllar geçti ve ben hâlâ bu hiçbir işlevi olmayan sözlerin hayatımı yönetmesine izin veriyorum. Ne kadar da haklısın! Ah şimdi bile başa çıkamazken küçücük aklımla nasıl başa çıkmaya çalıştım acaba, ne kadar çok zorlanmışımdır kim bilir?

LOGOS: Böyle zor anlarında nasıl başa çıktın biliyor musun?

VAVEYLA: Hayır bunu hatırlamıyorum.

LOGOS: Doğarken beraberinde getirdiğin içsel kılavuzun hep seninleydi. Şaşırdın değil mi?

VAVEYLA: Gerçekten çok şaşırdım. Seninle tanışasıya kadar bu içsel kılavuzumun hiç farkında değildim ki... Ama sen hâlâ kim olduğunu bana söylemedin. Allah aşkına söylesene artık sen kimsin?

LOGOS: Ben de hep seninleydim. Sen yeni doğduğunda anne karnından kopup hiç bilmediğin bir dünyaya geldin. Bu seni doğal olarak çok korkuttu. Çevrendeki tüm insanlar sana kocaman kocaman devasa geldi, çevreden duyduğun küçük bir ses bile seni inanılmaz korkuttu. Tanımadığın bilmediğin insanlar seni kucaklarına aldılar. Böyle anlarda dudak büzdün, ağladın, bir şekilde korkunu belirtmeye çalıştın. Kendini korumak için sana içsel kılavuzun yardım etti. Çünkü o zamanki bilinç seviyen ancak bu kadarına elveriyordu. Zamanla senin bilincin yükseldikçe benimle iletişimin de gelişti.

VAVEYLA: Sen gerçekten mükemmel birisin ama kimsin?

LOGOS: Boş ver şimdi kim olduğumu. Zamanı geldiğinde her şeyi öğreneceksin merak etme. Tabii benim burada olduğumu unutmaz ve sesimi duymaya devam edersen. Benden daha fazla yararlanabilirsin. Artık bana güveniyorsun değil mi?

VAVEYLA: Sana bile ne kadar zor güvendim değil mi? Sanırım ben güven duygusu ile de çok sıkıntılı anılar biriktirdim. Ne dersin? Kendime, diğerlerine ve yaşama neden bu kadar güvensizim?

LOGOS: Annen baban sana içindeki şifreleri bulup çıkartmak için destek olamadı. Seni zorladılar, senin varoluşunu hesaba katmadan kendi istedikleri gibi sana şekil vermeye çalıştılar. Adeta ruhunu öldürdüler. Ruhunu öldürdükleri için de sana sürekli bekçilik yaptılar. Ruhunu anne babana teslim ettikten bir süre sonra da önce kendine, sonra diğerlerine, en sonunda da yaşama olan güvenini kaybettin. Çünkü artık yaşamı kendi ruhunla devam ettiremeyeceğini düşündün. Yüreğindeki zeytin dalını korumalısın Vaveyla! Yüreğindeki zeytin dalını korursan özgürlüğü fısıldayan güvercinler gelip konacaklardır.

VAVEYLA: Ben yaşamım boyunca başarıyı çok kovaladım. Ancak istediğim başarıyı hiç yakalayamadım. Bu da beni çok değersizleştirdi. Sence neden kafayı bu kadar başarıya takmış olabilirim? Aslında düşünüyorum da şu an çalıştığım yerdeki konumum ve buna bağlı olarak kazancım hiçte fena sayılmaz. Ama nedense bu beni mutlu etmeye yetmiyor. Halen neden daha iyi bir konumda değilim neden daha başarılı değilim diye kendimi yiyip bitiriyorum. Sürekli kendimle, diğerleriyle ve yaşamla yarış halindeyim. Kendimi hiç de başarılı bulmuyorum. Sence ilkokul birinci sınıfta yaşadığım şu elmamın bir türlü kızaramamasının bununla bir ilgisi olabilir mi?

LOGOS: Bunun da etkisi büyük tabii ki ama bunun dışında da bazı faktörler var. Annen baban kendi istedikleri şekilde seni yetiştirmeye çalışırken seni çok zorladılar. Sen de bu zorlamalar karşısında duyarsızlaştın. Anne baba sevgisini zaten yeterince hissedemediğin için onlardan gelen sevginin veya sevgi yokluğunun farkına varamadın. Zamanla iyice duyarsızlaşıp anne babanın yokluğunu hissetmemeye başladın. Senin de yaşamdaki tek amacın başarı oldu. Başarıyı yakalayamayınca da depresyona girdin. Çünkü senin için mutluluk başarabildiğin kadardı. Kendini böyle bir hayale kaptırmıştın. Sen çocukluk yıllarında kaybettiğin değerlilik duygunu çok başarılı olursan veya para kazanırsan ancak yeniden elde edebileceğini düşündün. Başaramadığına inanınca da kendini mutsuz ve bir hiç olarak gördün. Çocukluk yıllarında duygu dünyanı kaybetmiş olduğun için çok hırslısın. Her başarısızlığa, yenilgiye büyük tepkiler vermenin sebebi bu. Çünkü her bir başarısızlık seni anı defterinin acı dolu sayfalarına götürdü. Anı defterindeki bu acılarla yeniden karşılaşmak seni korkutuyordu. Seni tanıyanlar nasıl birisi olduğunu düşünüyorlar, sence dışarıdan nasıl görünüyorsundur?

VAVEYLA: Bilmem, herkes gibi ben de maskelerimi takıp dolaştığım için beni olduğumdan daha güçlü görüyor olabilirler. Çünkü elimden geldiğince en azından herkes kadar kendimi saklayabildiğimi düşünüyorum. Çevremdekilere mümkün olduğunca mutsuz bir tablo çizmemeye çalışıyorum.

LOGOS: Evet bunu neden yaptığını artık görebiliyorsun değil mi?

VAVEYLA: Kendi üzerimde oluşturulan baskının kurbanı olduğumu düşünüyorum. Bu baskı sonucu oluşan iç yaralarımı ancak olduğumdan daha güçlü davranarak kapatabileceğime inandığım için.

LOGOS: Egonun gerçek niteliğini yaşadığın toplumdan saklamak amacıyla hepimizin yarattığı bir maske vardır. Bu maske bizim toplumsal yüzümüz olup bu yüzü hem bilinçli hem de anı defterinde de bulunan deneyimler doğrultusunda bilinçsizce kullanabiliriz. Ne zaman başkalarıyla ilişki kursak iki işlevi olan maskeyi takarız. Bunun başkalarını etkilemek ve gerçek doğamız olduğunu düşündüğümüz yönümüzü gizlemek için yaparız. Maskelerimizin biçimi anne babaların, öğretmenlerin, akran gruplarının vb. toplumsal beklentilere ve koşullanmalara bağlıdır. İnsanlarla bir araya gelirken taktığın bir maskedir bu. Hepimizin toplum içinde işlerimizi görmek için bazen bu maskeye ihtiyacı vardır, çünkü bu maske savunmasız egomuzu bir parça da olsa korur. Bunda bir sorun yoktur. Sorunlar insan maskeyle bütünüyle özdeşleştiğinde ortaya çıkar. Davranışlar çok sert bir hal alır ve kişi maskeyi indirmekten korkar. Egonun kendi küçük rolü dışında hayatın daha geniş yönlerini görmemene sebep olur ve bu durum ruhsal sıkıntılar yaratır. Tıpkı sende yarattığı gibi. Yani sen bu maskenin gerçekliğine inanıp bir tür sahte kişilik yarattın. Şimdi de bununla baş edemiyorsun! Sıkıntılarının, sorunlarının, depresyonunun bir nedeni de bu. Bir insan benliğini koruyabildiği kadar kendisini değerli hisseder. Senin ruhunu değersizlik duygusu öylesine sarmıştı ki bu şekilde benliğini korumaya çalıştın.

VAVEYLA: Galiba yine haklısın hem de çok haklısın. Uğradığım hayal kırıklıkları ve zorlamalar ile çok acı çekmeye başladım. Seninle tanıştıktan sonra ne kadar azalmış olsa da; hâlâ da çekmeye devam ediyorum ama acı çekmenin de ötesinde şeyler yaşıyorum.

LOGOS: Sen bu acınla dünyaya gelmedin. Sadece sen değil hiç kimse içerisinde bir acıyla dünyaya gelmez. Bu çektiğin acılar zamanla seni daha da yaşama karşı zorladı. Zamanla içdünyanda bir şeyler yolunda gitmemeye başladı. Bunun sonucunda egonda kaygılar belirdi. Yaşadığın bu kaygılarla artık baş edememeye başladın ve zamanla bu noktaya geldin. Oysaki acı yaşamın kaçınılmaz bir parçası ve sen acınla yaşamayı öğrendiğinde acının enerjisini dönüştürebildiğinde olgunlaşacaksın.

VAVEYLA: Ego kötü bir şey değil mi? Bazı yerlerde egoyu eritmek gerektiğine dair bir şeyler okumuştum. Egoyu nasıl eritebiliriz?

LOGOS: Hayır yanılıyorsun. Olur mu hiç öyle şey?

Egoyu senin bütün bir yaşamını yöneten, kararlar almanı sağlayan, bu aldığın kararlara göre seni şekillendiren bir kumanda gibi düşünebilirsin. Egonun tek amacı değerlilik bilincini koruyarak kişilikli bir yaşam sürdürmeye çalışmaktır. Ego bilincin merkezidir ve sana değerlilik duygusunu verir. Ego senin ruhunu korur. Bunu da hazzı azami düzeye çıkararak ve acıyı asgari düzeye indirerek yapar. Aynı zamanda senin toplumda verimli olarak iş yapmanı sağlar. Bak şimdi Vaveyla sana çok önemli bir şey söyleyeceğim, egon senin bilincini ve anı defterinde yer alan yönlerini dengeler, düzenler, ona kişisel bir kimlik ve amaç duygusu verir. Egon sen doğduğunda yoktu. Egon çocukluk döneminde oluştu. Yaşadığın toplumda günlük işlerini yürütebilmen için güçlü ve etkili bir ego geliştirmen gerekti. Yaşamını artık anne babandan bağımsızlaştırıp kendi işini görmeyi öğrendiğin ilk yarısında gerçekleştirmek durumunda ana görevin budur.

Güçlü bir ego kişiliğin bilinçli ve anı defterindeki yönlerini dengede tutarak dengeleyici bir etki yaratabilir. Çevrendeki bazı kişilerde aşırı şişirilmiş bir egonun diktatörce hoşgörüsüz bir kişilik oluşturduğunu sanırım şimdi daha iyi görebilirsin. Bu tür bir ego kendini çok önemli, neredeyse doğaüstü bir güç gibi görür ve çok itici aynı zamanda tehlikelidir. Yaşamın ikinci yarısı boyunca ego ile benlik birbiriyle yüzleşmeye başlar. Benlik bütün kişilik olup ruhun bilinçli ve anı defterindeki yönlerini içerir ve doğduğumuz anda vardır. Yavaş yavaş yüzleşmeyle birlikte aslında benliğin daha önemli olduğunu anlamaya başlarız. Bu aşamada kişilik bütünleşmeye başlayabilir ve zamanla daha üst bir bilince ulaşabiliriz. İşte birçok kişi bireyleşme aşamasında buraya bir türlü ulaşamaz. Şimdi senin depresyonda olmanın sebebini anlıyor musun Vaveyla, bir üst bilince ulaşman için bu yaşamın sana bir armağanı. Eğer bir insanda ego olmasaydı neler olurdu tahmin edebiliyor musun?

VAVEYLA: Anlattıklarına bakılırsa bir insanda ego olmasaydı o insan kişiliksiz olurdu. Örneğin ben kendime zarar gelmesin, beni dışlamasınlar, yalancı demesinler diye yanlış yapmamaya çalışıyorum, maske takıyorum ama bunları sağlayanın ego olduğunu bilmiyordum. Eğer gerçekten bunları sağlayan egoysa herhalde yaşamdaki en önemli kilit noktasının ego olduğunu söyleyebiliriz. O zaman çocuklarımızda değerlilik bilincinin oluşması ve kişilikli birer birey olması için en çok dikkat etmemiz gereken şey egolarına zarar vermemek.

LOGOS: Tabii ki bir çocuğun ruhsal dünyasının güçlü olabilmesi için egosunun yıpratılmamış ve bütünlüğünün korunması gerekiyor. Anne baba çocuğunun egosuna karşı saygılı ve koruyucu davranmıyorsa bu çocuk kaygılı bir birey olur.

VAVEYLA: Anne babamın egoma karşı hiç koruyucu davranmadığı gibi aksine son derece yıpratıcı davrandığına dair örnekler zihnimde artık daha net beliriyor. Ben yemeğimi yemediğimde annem "Ne biçim çocuksun, mızmızın tekisin, yaşıtlarından cılızsın!" dediğinde kendimi gerçekten çok kötü hissediyordum. Demek bu tarz söylemler hep benim egoma birer saldırıymış. Ben de inciniyordum tabii ve kaygılanıyordum da.

LOGOS: Peki annen sana böyle deyince sen ne diyordun?

VAVEYLA: Korkarak ve cılız bir sesle "Sensin korkak ve mızmız olan!" diyordum.

LOGOS: Annen ne diyordu peki sen böyle deyince?

VAVEYLA: Annem mi? Ooo annem daha çok sinirleniyordu. Bas bas avazı çıktığı kadar bağırıyordu, sesinden duvarlar adeta üzerimize yıkılacak gibi sallanıyordu.

LOGOS: Aslında sen bu söylediğin sözleri anneni daha fazla kızdırmak veya annene isyan etmek için söylemedin. Kendi egonu korumak için söyledin. Annen bunları kendisine bir saldırı olarak algıladı.

VAVEYLA: Evet ben de şimdi tamamen kendisine bir saldırı olarak algıladığını düşünüyorum. Çünkü o da kendisini savunmaya geçerek daha da sinirlenip genelde "Gelirsem şimdi yanına gebertirim seni. Akşam baban gelince görürsün sen. Bütün gün bana yaptıklarını babana tek tek anlatacağım" gibi şeyler söyleyerek beni korkutmaya çalışıp kendisini korumaya çalışıyordu.

LOGOS: Oysaki sen insan olmanın gereğini yapıyordun.

VAVEYLA: Ama bazen annemle veya babamla giriştiğim bir savunmada onlara karşı gücümün yetemeyeceğini düşünüp egomu korumaktan vazgeçiyordum. Suskunlaşıp içime kapanıyordum. Şimdi anlattıklarından bunları çıkartıyorum.

LOGOS: Asıl tehlikeli yer tam da burasıydı. Artık egonu savunamıyor duruma gelmen kişiliksizleşmeye ve kendi karakter yapını kaybetmeye başladığının göstergesiydi.

VAVEYLA: Evet haklısın, o kadar güzel anlatıyorsun ki yaşamımdaki düğümleri artık çözüyorum. Hatta zamanla ne yaptım biliyor musun? Ailem bana ödevimi yapmadım, yemeğimi yemedim, odayı dağıttım, oyuncaklarımı toplamadım diye o kadar çok saldırıya geçiyordu ki artık tepki vermemeye, onları duymamaya çalışıyordum. Bana sevgi ve saygı dolu davrandıklarında bile onlara güvenmiyordum. Ya da bilmiyorum yine de onlarla olan iletişimimi kapatıyordum. Çünkü beni sürekli kendi kontrolleri altında tutmaya çalışıyorlardı. Aaa evet yukarıda bahsettiğin gibi sanırım ayna nöronlarımı kapatıp onların söylediklerine karşı duyarsızlaşıyordum.

LOGOS: Harikasın, ayna nöronları çok iyi kavramışsın Vaveyla aynen öyle! Aslında ailenin yaptığı; egonu senden teslim alarak baskı oluşturarak sana davranış kazandırmak, senin vicdani karar mekanizmanı devre dışı bırakmaya çalışmaktır. İşte en büyük hata burada yapıldı. Oysaki sen kendini gayet güzel yönetebilir, değerlilik bilincini de koruyabilirdin. Daha önceden de söylediğim gibi ailen bunu bilerek yapmadı. Bilerek senin egona zarar vermedi. Ailen kontrolü direkt sana teslim etmeyi göze almaktan korktu. Senin yanlış yola düşmenden, hata yapmandan korktu, anlatabiliyor muyum?

VAVEYLA: Oysaki bana yeterince özgürlük ve duygusal destek sunulsaydı, çok daha mutlu ve güçlü olurdum. Bana hiç seçme şansı verilmedi ki. Keşke verilseydi. Şimdi en ufak bir şey almak istesem bile kararsızlığımdan çevremdeki herkese danışmadan alamıyorum. Bunu da güya çaktırmadan yapıyorum!

LOGOS: Kısaca ailen senin içindeki vicdan düğmesine güvenemedi. Bu yüzden sana hükmetmeye çalıştılar. Senin vicdanın sesiyle değil kendilerinin sesiyle beslediler. Sen yaşamda doğru ve yanlışları kendi vicdanının sesinden değil anne babanın sesinden öğrendin. Şimdi yolunu kaybetmenin sebebini daha iyi anlıyor musun?

VAVEYLA: Evet çok iyi anlıyorum. Artık büyüdüm, evlendim, kendi çocuklarım oldu ve anne babamın sesleri artık eskiye göre azaldı. Ancak içimdeki vicdanın sesi de zaten önceden beri hep karmaşık olduğu için ne yapacağımı bilemedim. Oysaki bana zoraki davranışlar kazandırmak yerine benim egomu güçlendirselermiş, vicdanımın sesini duyabilmem için beni rahat bıraksalarmış, benim içdünyamda derinleşmeme izin verselermiş şimdi her şey ne kadar farklı olurdu. Kendi değerlilik duygumu ve egomu koruyabilmek için ne kadar mücadele etmişim.

LOGOS: Anne ve babanın seni yetiştirirken çok dikkatli olması gerekirdi. Ama bunu hatırla sadece senin annen baban değil şu anda dünyadaki anne babaların büyük çoğunluğu aynı hatayı yapıyor. Çocuklar doğru yoldan şaşmasın, hata yapmasın diye egosuna zarar verici davranışlarda bulunuyorlar. Birçok çocuk bu yüzden duyarlılığını kaybediyor yani ayna nöronlarını kapatıp empati yapmıyor. İnsanların bu denli bencilleşmesinde, vicdansızlaşmalarında, dostluk ve paylaşımdan uzak kalmalarında anne babaların bu tutumlarının çok büyük bir etkisi var.

VAVEYLA: Bir de şimdi neyi fark ettim biliyor musun?

LOGOS: Neyi fark ettin?

VAVEYLA: Anne babamın bu tarz davranışlarının benim yaşama sevincimi de elimden aldığını düşünüyorum. Şimdi bununla ilgili bir anımı hatırladım. Bir gün okuldan gelmiştim ve öğretmenin bize anlattığı bir deneyi heyecanla denemek istemiştim. Sirke dolu bir kaba haşlanmış yumurta koyuyorsun. Bu şekilde 24 saat bekletiyorsun. 24 saat sonra eski sirke suyunu döküp yumurtanın üzerini yeni sirke ile tekrar dolduruyorsun. 24 saatin sonunda yumurtanın kabukları tamamen erimiş oluyor. Bu şekilde bir deneydi. Çocuk aklımla çok ilgimi çekmişti. Mutfağa girip daha sirke şişesini elime alır almaz annenim bağırmasıyla irkildiğimi hatırlıyorum. Her yerin sirke korkacağını, yerlere dökeceğimi düşünerek deneyi yapmama izin vermemişti. Ne kadar çok üzülmüştüm, merakım içimde kalmıştı. Sonraki günlerde okuduğum ilginç deneylere karşı da gerçekten merakım azalmıştı. Çünkü zaten annemin bunu yapmama izin vermeyeceğini düşünerek merak duygumu yavaş yavaş kapatmaya başlamıştım.

LOGOS: Egon o kadar ezildi ki bununla daha fazla baş edemeyip kendisini saklamaya başladı. Artık ne acıyı ne de sevinci duymak istedi. Kendi kabuğunun içine korkak ve ürkekçe saklandın. Yıllarca kendi duygularını hissetmeye izin vermedin. İçinde dayanamayacak kadar yoğun olan bu acıyı yok etmek, hissetmemek için ne gerekiyorsa yaptın. Güven duygunu yitirdiğin için saklandığın kabuktan yıllarca çıkmadın. Kabuğuna saklanarak hissetmekten korktun. Oysaki ancak hissedebilen bir kişi gerçek anlamda insandır. Hissedebilen bir kişi ancak hissettirebilir anlatabiliyor muyum?

VAVEYLA: Hislerimi kaybettiğim için yaşamdan zevk alamadığımı adeta insanlıktan uzaklaştığımı söylemek istiyorsun, değil mi?

LOGOS: İstersen bunu sana basit bir örnekle açıklamaya çalışayım: Bir hayvan için çilek, kayısı, muzla hazırlanmış ve cevizle süslenmiş bir meyve salatasının verdiği lezzet ile bütün halinde sunulmuş çilek, kayısı ve muzun sunumu arasında bir lezzet farkı olmamaktadır. Bu durum senin için çok fazla farklılık içermektedir. Sunumunun özenle yapıldığı yediğin bir yemeğin verdiği keyif ve lezzet ile; özensiz ve estetik açıdan yoksun olarak yediğin bir yemek arasında aldığın keyif çok farklı olacaktır. Eğer kendini hazlarından ve estetik duygusundan yoksunlaştırırsan, hayvanlar gibi fizyolojik haz noktasında sadece doygunluk arayacak; daha iyinin ve kalitelinin peşinde koşmayacaksın. Bu durum giderek bugünkü konumundan daha da uzaklaşmana sebep olacak. Bilmem söylemek istediklerimi anlatabildim mi?

VAVEYLA: Şimdi anlıyorum kuşların sesini neden bedenimde hissedemediğimi, gözlerimi kapattığımda rüzgârın sesini yüreğimde hissedemediğimi, kırmızı gülün cazibesini neden algılayamadığımı...

LOGOS: Bir şeyi ne zaman fark edeceksin diye bekledim. Ama henüz fark edemedin. Bunu ben sana hatırlatayım. Bakalım bu konuda neler söyleyeceksin. Aslında senin egona yöneltilen saldırılar her zaman dış dünyandan, çevrenden gelmedi. Egon senin kendi içindeki iç tehditlere karşı da kendisini savunmaya çalışır. Nefis dediğimiz içsel tehditler ve arzular da egonu çok zorladı ve yıprattı. Egon da değerlilik bilincini ve kişiliğini korumak için çok mücadele etti. Nefsini bir haz avcısı gibi düşün. Nefsin hazları yakaladı ve bunları egona iletti. Egon da değerlilik bilincine, onuruna, kişiliğine zarar vermeyecek şekilde bunların arasından seçerek fırsat buldukça tatması gerekirken tatmadı. Çünkü nefsin öldürülmüştü.

VAVEYLA: Bazen çok ağır konuşuyorsun. Bu kadar sert ve birdenbire söylemen canımı acıtıyor.

LOGOS: Seni bir yalanla teselli etmeye çalışmaktansa

gerçekle yaralamayı seçerim her zaman Vaveyla! İnsan olarak yaşantın ve içdünyan bilinmeyenlerle, keşfedilmemişlerle, çatışmalarla dolu. Ben senin içdünyanı keşfetmene, anlamlandırmana yardımcı olmaya çalışıyorum. Bunlarla yüzleşmen seni iyileştirecek merak etme. Kaçtığın şeyi büyütürsün unutma. Mutsuzluğunun sebeplerini sorgulamıyor musun? Hatırla hep bana bunu kaç kez sordun, neden böyle oldum, ben neden bu hale geldim diye defalarca sordun. Hatta ben hiçbir zaman yaşama tam olarak kendimi neden bırakamadım diye sorguluyordun. İşte hepsinin cevaplarını tek tek buluyorsun. Doğru yoldasın merak etme. Devam et.

Nefsinin öldürülmüş olması seni hayata bağlayan mutluluk veren duyguların da yok olmasına sebep oldu. Bu yüzden gerginsin, yaşama küsmüş, uzun vadeli planlar yapamıyorsun, hemen vazgeçiyorsun, pes ediyorsun, öfkeleniyorsun. Yapabileceğimiz tek şey Vaveyla hayata ve onun getirdiklerine koca bir evet demek. Hayat bir nehirdir. Sen de ak onunla. Şimdi aynada gözlerinin içine bak, kendine ve hayata kocaman bir evet de!

VAVEYLA: O zaman bu süreçten kurtulabilmem için öncelikle kocaman bir "Evet!" deyip sonra nefsimi canlandırmalıyım. Çünkü nefsimin canlanıp egoma haz kaynaklarını iletmesi gerekiyor. Egom da çok güçlü bir şekilde bu haz kaynaklarından bana uygun olanlar arasından seçim yapabilmeli. Haz kaynaklarından seçim yaparken de yanlış olanları reddederek onurlu ve değerlilik bilinciyle bir yaşam sürecek şekilde doğru ve bana uygun seçimler yapmalıyım.

Ne kadar ilginç, geçen gün facebook'taki felsefe sayfalarının birisinde Epiküros'un şöyle bir paylaşımıyla karşılaşmıştım: "Bütün canlılar, bu arada insanlar hazzın peşinde koşar, acıdan kaçarlar. O halde haz iyidir; acı kötüdür."

Yani insanların genelde acıdan kaçıp hazza yaklaştıklarını anlatmaya çalışıyor. Ben ise tam tersine hazdan kaçıp acıya yaklaşıyorum.

Şimdi neler yapmam gerektiğine dair aklımda bazı şeyler beliriyor. Bu nefsimi bir ata benzettim. Ben bu atı çok aç bırakmışım. Sanırım bu atı biraz beslemem gerekiyor. Ben içimdeki atı çok aç bıraktığım için onun ihtiyaçlarını duymadığım için sıkıntı çekiyorum. Bazı insanlar da tam tersine sürekli içindeki bu atın ihtiyaçlarını dur durak demeden gidermeye çalışıyor. Bu insanların içlerindeki huysuz atın yemini kısıp, onu zayıflatarak ona hâkim olmayı öğrenmeleri gerekiyor. Benim ise, içimdeki atı beslemem gerekiyor. Ama yemini abartmadan tam kıvamında vererek. Atıma bakım yapıp onun ihtiyaçlarına kulak verip onunla ilgilenmem gerekiyor.

İşte, nefsimin mahiyetinde yer alan duygularımın, arzularımın hazza yönlendirilmesi, nefsimi öldürmekten, yani büsbütün sesini kesmekten çok daha faydalıymış.

Peki ben buna nasıl ve nereden başlayacağım?

LOGOS: Vaveyla kendini ve diğerlerini bir an önce suçlamaktan vazgeçip affetmelisin. Affetmenin iyileştirici gücü çok yüksektir. Özellikle kendini affetme konusunda tüm titizliğinle çalışmanı istiyorum. Hatasız ve mükemmel hiç kimse yoktur hayatta. Kendini affetmediğin sürece kendinle olan savaşın bitmeyecek. İstediğin değil hak ettiğine inandığın hayatı yaşarsın. Hayatla barışık olabilmen için önce kendinle barışmalısın. Bilinçsiz ve ağır bir şekilde günlük hayatın hazlarından kendini mahrum bırakarak cezalandırıyorsun. Öncelikle kendini tüm hatalarınla ve tüm özelliklerinle olduğun gibi kabul etmelisin.

VAVEYLA: Ah evet! Kendini olduğum gibi kabul etmelisin. Bir çırpıda oluverecekmiş gibi ne de kolay söyleyiveriyorsun öyle. Burası biraz zor bir ders. Zihnimde annem ve babamın suçlayıcı eleştirel sesleri ile kendimi yargılayıp durdum. Yaptığım hatalara karşı yüreğimde kalın duvarlar örüp kendimi tüm güzelliklerden uzak tutup cezalandırdım. Evet galiba haklısın, şu hayata en kızgın ve öfkeli olduğum kişi sanırım benim. Sadece kişilik düzeyinde değil, uzun yıllar hep fiziksel görünümüm ile de uğraştım. Ne yaptıysam sevemedim kendimi bir türlü. Beğenemedim. Hep eksik kaldı bir yanlarım. Zayıflasam kaşımı beğenmedim. Kaşımı düzeltsem saçımı beğenmedim. Saçımı düzeltsem boyumun kısalığından dem vurdum. Ben hiçbir zaman kendimi fiziki anlamda da tam olarak kabul edemedim ki zaten.

En son bununla ilgili başıma ne geldi, dur anlatayım. Çalıştığım bankada yeni birisi göreve başladı. Kendisine aşırı dikkat eden bakımlı bir kadın. Eee bir de genç ve güzel olunca tüm dikkatler ona yöneldi doğal olarak. Biz diğer kadınlar bu işten hiç hoşlanmadık. Düşünebiliyor musun ben 38 yaşında biri olarak 26 yaşındaki bu kızı kıskandım. Bu elimde değil. Üstelik bir de tam benim masamın çaprazında bir masaya yerleştirdiler. Gözümü ondan alamıyordum. Ne sarı ne platin böyle ikisinin arasında çok tatlı bir rengi olan saçları her geçen gün daha fazla dikkatimi çekiyordu. Hatta bir punduna getirip çaktırmadan saçını hangi kuaförde, hangi renge boyattığını öğrendim ve aynısını kendi saçıma da uygulattım. Sonuç ne oldu dersin. Bildin, tam bir fiyasko. Ne o renk ne de model bana yakıştı. Kendimi aptal gibi hissettim. İki gün sonra saçımı eski haline getirdim.

Üstünden bayağı bir zaman geçti ama yeri gelmişken şunu da anlatayım oldu olacak: Varlıklı bir mimar bayan müşterim vardı. Zengin olduğu kadar gerçekten çok çekici ve hoş bir bayan. O gün üzerinde ince silik boyuna çizgiler olan bir mavi gömlek, altında da kot pantolon vardı. İkisi o kadar yakışmıştı ki inanılmaz hoşuma gitti. Çok beğendim. Ben de aynı gömlekten aradım bulamadım. Yakası olsa, çizgisi kalın geldi, çizgisini tuttursam tonunu tutturamadım derken bir türlü bulamadım. En sonunda instagram'da aynısı olmasa da çok benzerini buldum. Hatta ben de onunkine benzer bir kot pantolon giydim. Ancak nafile ne yaptım ne ettimse kendime bir türlü beğendiremedim. Kendime yakıştıramadım. Başkalarında beğendiğim şeyleri alıp giyindiğim zaman bırak mutlu olmayı daha da mutsuz oluyorum. Keşke hiç alıp giymesem daha iyi. İşte ona yakıştı bana yakışmadı, onun beli ince benim belim kalın, onun bacak boyu benimkinden daha uzun olduğu için yakışıyor gibi zihnimden düşünceler geçiriyorum. Kendimle ilgili kusurları daha çok görmeye çalışıyorum. Kim çok güzel olmuş harika derse desin asla ikna olmuyorum çünkü kıyaslama yapıyorum.

Bazen de kendime bir şeyler alıyorum, alışveriş yapıyorum, hoşuma gidiyor aldığım şeyler. Ancak o kadar arayıp bulmam, zaman harcamam ve para vermeme rağmen sahip olmanın keyfi hemencecik bitiveriyor. Alınca sahip olunca sihir bozuluyor sanki.

Bir böyle iki böyle derken ben de vazgeçtim kendimi beğenme ve beğendirme derdimden. Artık saldım gittim kendimi işte gördüğün gibi.

Sonra kendimden ve dış dünyadan da her geçen gün daha da kopmaya başladım.

LOGOS: Pekâlâ Vaveyla duygularının yoğunluğunun farkındayım. Şimdi sana anlattığın bu duyguları temizleyebilmen için bir çalışma yaptıracağım. Bu çalışma kendini iyi hissetmediğin zamanlarda göz hareketlerinle anı defterinde eksik kalan tamamlanmamış deneyimlerini tamamlamak için uygulayabileceğin pratik bir yöntem. Aynı zamanda seni rahatsız eden duygulardan bu çalışma sayesinde rahatlıkla kurtulabilirsin. Şimdi seni rahatsız eden duyguyu ve bununla ilgili olayı düşün. Aynaya bak, "Sen ve ben biriz, sen ve ben biriz, sen ve ben biriz..." şeklinde birkaç dakika tekrar et. Şimdi iyice hisset hissettiklerini, gör gördüklerini ve duy duyduklarını. Sanki olay şimdi oluyormuş gibi gir içine. Şimdi ben kalbinin ortasından bir delik açıyorum. Bir de yere kocaman bir çukur kazıyorum. Bu süreçte sen dediklerimi yaparken kalbinden açtığım delikten tüm bedeninde şimdiye kadar taşıdığın negatif hisler önündeki bu çukura simsiyah bir zift olarak boşalacak. Kafanı oynatmadan gözbebeklerini kulak hizasında en uç noktaya getirebildiğin kadar getirmeye çalış. Tıpkı bir aracın silecekleri gibi bir sağa bir sola olacak şekilde. Bunu 10 kez tekrarla. Kafanı oynatmadan bu defa tavana bakarak ve aynı şekilde bir sağa bir sola olacak şekilde 10 kez tekrarla. Yine başını oynatmadan bu defa yere bakarak aynı şekilde 10 defa tekrarla. Bunu da tamamladıktan sonra saat yönünde 5 defa yine kafanı oynatmadan gözbebeklerinle kocaman daire çizmeni istiyorum. Sonra da ters yönde gözbebeklerinle 5 tane daire çizmeni istiyorum. Şimdi ben elimi kalbine uzatıyorum ve sana kendini kötü hissettiren duygudan geriye kalan hatırladığın veya hatırlamadığın ne varsa tamamını alıyorum ve önündeki çukura boşaltıyorum. Bu çukuru sıkıca metal bir kapakla kapatıp üzerini toprakla örtüyorum. Şimdi gözlerinin içine daha derin bak ve kendine sıkıca sarıl. Bir bebekle konuşur gibi sevgi dolu cümlelerle ve yumuşacık sesle içindeki çocukla konuş. Onun neyi duymaya ihtiyacı olduğunu düşünüyorsan hepsini ona şimdi söyle. Şimdiki aklınla ona yardımcı ol! Ruhundaki dengelenmeyi ve bütünleşmeyi hissediyor musun Vaveyla? Kendini kötü hissettiğin anlarda bu çalışmayı yapabilirsin.

VAVEYLA: Sevgi ve huzurdan başka bir şey hissetmiyorum. Evet evet, hissetmiyorum, olumsuz duygu ve deneyimlere dair şu anda hiçbir şey hissetmiyorum. Sanki birisi beynimi açtı ve su dolu bir kovayı boşaltır gibi içindeki tüm olumsuz kokuşmuş düşünceleri boşalttı. Vay be, sanki zihnim bomboş oldu ve ben yeniden doğdum. Anı defterinde beni üzen olaylar bir anda adeta silindi ve ben hayata başka bir pencereden bakmaya başladım.

LOGOS: Evet bu gerçekten mucizevi denecek kadar güçlü hem de çok güçlü bir çalışmadır. Tüm korkularına kaygılarına karşı hemen bu çalışmayı uygulayıp silebilirsin. Zihnin bu göz hareketleri ile tamamlanması gereken anıyı tamamlarken bir taraftan da beyninde bulunan sağ ve sol lopları göz koordinasyonu sağlayarak dengeliyor. Bu yüzden bu denli etkili.

VAVEYLA: Bu çalışmayla kendimle ve tüm yaşamla daha sıkı bir bağ kurduğumu hissediyorum. Bir yerde okumuştum, "En güzel şeyleri duymayız hissederiz!" yazıyordu. Bu yüzden dua ederken hayal kurarken gözlerimizi kapatıyoruz. Sevgiyi şefkati hissedebiliyorum! Vay bu harika!

LOGOS: Sen ve çevrende gördüğün birçok kişi mekanik birer insan haline geldiniz. İnsanlar kendi ruhundan kopup uzaklaştı. Oysaki insan ancak kendi ruhuna yakınlaştıkça ve bağ kurdukça kendisini daha iyi hisseder.

VAVEYLA: Kesinlikle sana katılıyorum. O kadar çabuk hızlı tüketmeye alıştık ki hepimiz daha fazla tüketeceğiz derken aslında kendimizi tükettik. Evet bırak sen kendi ruhunla bağ kurmayı adeta yaşamaya zamanın olmuyor. Zengin ve statüsü yüksek bir aileye sahip olan kişilerin de içsel mutluluğu yakalayabildiklerine inanmıyorum. Tüketim, para, kariyer, hızlı yaşam, bunlar kesinlikle bir insanın mutlu olabilmesi için yeterli araçlar değil. Bu yetmiyor. Hem de kesinlikle yetmiyor. Ah herkes bir de şöhret peşinde! Kibir de cabası. Kim kiminle neyi paylaşamıyor? Nedir birbirimizle bir türlü alıp veremediğimiz?

LOGOS: İçinde bulunduğun sistem insanların zihinlerindeki karar verme noktasına şunu çok iyi mühürledi: Çıkarlarına uyuyorsa, işine yarayacak birisiyse ona iyi davran ve idare et! Seni beslemiyor ve çıkarlarını da karşılamıyorsa boş ver önüne bak ve yürü! İyi ve kötü olmak değil tüm mesele adil olabilmekte. Yüreğin acıyı hissediyorsa üzülme hâlâ insansın demektir! Kişiliğinin, karakterinin, zekânın ve ruhunun organı olan beynini değiştirmeden hayatını değiştiremezsin. Nasıl düşündüğün beyninin nasıl çalıştığını gösterir. Beynini değiştir ve hayatın değişsin. Birçok şeye sahip olsan da etrafındakiler sende yine yetersizlik duygusu oluşturmaya devam edecek. Senin değerini çevren değil ancak sen verebilirsin! Sahip oldukların değil niyetlerin senin imzandır! İstediğin eğitimi al, istediğin arabaya, eve, ofise, işe sahip ol, mutlu olamazsın Vaveyla! Zaman içerisinde beyniniz, duygularınız, istek ve amaçlarınız da yön değiştirdi uyan. İnsanlar bunlara sahip olabileceğini düşünerek yıllarca kendilerini parçaladılar. Mutlu oldunuz mu, mutlu musunuz peki? İşe yaradı mı tüm bunlar? Evet işe yaradığı için savaşlar çıkıyor birbirinizi öldürüyorsunuz, aldatıyorsunuz, boşanıyorsunuz, tacizde bulunup ihanet ediyorsunuz değil mi? Yapılan alışverişler genç kalmak, sağlıklı olmak, diplomalar, ilişkiler yetmiyor. Dinle Vaveyla çok iyi dinle: Beyniniz alt beyin, orta beyin ve üst beyin olmak üzere toplam üç katmandan oluşuyor. Bir başka deyişle sürüngen beyin, duygusal beyin ve mantıklı beyin. Davranışların beyninin bu kısımlarından hangisini kullandığına bağlı. Sürüngen beyin; hayatı sürdürmek, üremek gibi işlevleri yerine getiriyor. Bu beynimizin en ilkel olan kısmıdır. Sürüngen beyin düşünme özelliğine sahip değildir. Dört unsur için programlanmıştır. Öldür/Saldır-Ye-Çiftleş-Kaç. Burada sadece program ve içgüdü vardır. Merhamet, acıma, mantık da yoktur. Hayatta kalmaya programlanmıştır! Duygusal beyin ise sadece duygular ile çalışıp mantık seviyesinde sıfır derecede çalışıyor ve sürüngen beyin ile uyumlu olarak devam ediyor. Üst beyin yani entelektüel beyin ise bu ikisi arasında uyum sağlamaz. Mantık yürütür, analiz eder, düşünür, hesaplar. Sürüngen beyin (alt) ve duygusal beyin (orta) ise mantıksız ve içgüdüsel davranır. Sürüngen beyin, benmerkezci olduğu için ve hayatta kalmaya programlandığı için "ben" ya da "ego"nun merkezidir. Sürüngen beyin beynin diğer kısımlarının ulaşamayacağı bilgilere ulaşabilir. Benmerkezci olma özelliği ile anı defterini (bilinçaltını) yönetiyor. Duygusal beyin ise acılar, arzular ve zevklerimizle ilgili olan keyif bölgesidir. Düşünen kısım dediğimiz üst beyin ise mantıklı olan bölümüdür. Öğrenme, pekiştirme, üst beyin sayesinde olur. Bu bölüm sorgular, karşılaştırır, problem çözer ve planlar yapar.

Mantık devre dışı bırakıldı mı sürüngen beyin harekete geçer. Bunun en kolay yolu da kişiyi aidiyet duygusu yüksek bir gruba dahil etmektir. Böylece birey ait olduğu grubun çıkarlarını sorgulamadan korumaya çalışır. Korku kültürü de işte bu şekilde oluşur. İnsan beynini en alt seviyeye çekerek düşünmeyi engelleyen en önemli şeylerden birisi de korkudur. Yani ayna nöronlar bu yönde olumsuz olarak aktifleştirilmiştir ve kişinin bundan haberi bile yoktur. Sürü psikoloji ile neyi neden yaptığını bilmeden kendisini olayların içerisinde buluverir.

İşte içinde bulunduğunuz şu anki süreçte beyninizin daha çok ilkel kısmını aktif olarak kullanıyorsunuz ve bunun farkında değilsiniz. Toplumsal kaoslar, doğal afetler, trafik kazaları, kanser hastalığının yaygınlaşması gibi sebepler insanlardaki belirsizliği ve korkuyu artırdıkça sürüngen beyin düşünen kısmı ele geçirdi. Pazarlama sektörü de beyninizin bu ilkel bölümünü harekete geçirecek şekilde projeler üretiyor. Karar alma anlarınızda ilk süreçte sürüngen beyniniz devreye giriyor. Önemli olan ve asıl ikna edilmesi gereken kısım beynin bu kısmıdır. İlkel beyin 450 milyon yıldır içinizde büyüyen çok güçlü bir yapıdır. Onu; negatif, pozitif duygular, kişisel menfaat, somut uyaranlar, zıt ve net mesajlar harekete geçirir. İşte insanlar bu yüzden hiç ihtiyaçları olmayan şeyleri toplayıp evlerine getiriyorlar. Sonra kredi kartı borçları altında giderek eziliyorlar. Oysaki akılcı yönünü geliştirmek ve kullanmak çok daha ucuza mal olacağı gibi bireyleri duygusal boşluk yaratacak alanlara sürüklenmekten de alıkoyacaktır. Ah Vaveyla bu sürüngen beynin kararlı ve güçlü bir şekilde anı defterini ele geçirmiş ve hızla yönetmeye devam ediyor. Değersizlik ve yetersizlik duygusuna o kadar takılı kalmış ki doğru analiz edemediğin gibi duyguların da körelmiş ve artık hissedemiyorsun!

21. yüzyılda ayakta kalıp huzuru yakalayabilmen ancak kendinle duygusal bağ kurup akılcı yönünü harekete geçirebilmenle mümkündür. Beyninin katmanları arasında dengeyi çok iyi kurmalısın. Yönetimi ele geçirmeli, ihtiyacına göre beyninin katmanları arasında gidip gelebilmelisin. Hayatında hiç stres olmazsa enerjin de olmaz. Biraz stres iyidir, seni hayata bağlar, canlı tutar. Önemli olan stresi doğru ve iyi yöneterek enerjiyi açığa çıkartabilmendir. Doğru yaşamaya, doğru düşünmeye ve doğru hissetmeye çalış.

Düşüncelerin neyse sen "o"sun! Aklını iyi çok iyi kullanarak yaşamda dengeyi bulmalısın. Bazen hayatta kalmak için sürüngen beynine, duygularını hissedip yüreğinin sesini duymak için duygusal beynine ve mantıklı kararlar alabilmen için de düşünen beynine ihtiyacın olacak. Bunun için de mutlaka ama mutlaka zihninin yönetimini elinde tutup akılcı yönünü harekete geçirmelisin! Bunun nedenlerini artık çok daha iyi kavrayabiliyorsun öyle değil mi? Bütüne hizmet edecek şekilde kendi yaşam felsefeni oluşturmalısın. Seyirci olmaktan çıkıp kendi oyununu, kendi müziğini, kendi dansını, kendi romanını yazarak içindeki cevheri ortaya çıkararak ancak ayakta kalabilirsin. Sevmekten, yürekten istemekten ve Yaradan'ın aşkıyla yaşamaktan daha güçlü ve ateşleyici ne olabilir şu hayatta Vaveyla! Baktığın yerdeki güzelliği başka bir gözün görmesi mümkün mü? Senin gördüğünü ben görebilir miyim hiç? Hadi Vaveyla zihninin seçimlerinin yaşamın üzerindeki gücünü hisset ve gör gördüklerini!

VAVEYLA: Ben alışveriş yapmaktan vazgeçtim, tüm hazlarımı öldürdüm. Duygularımı harekete geçiremiyorum. Heyecanımı kaybettim, yoğun kaygı ve stres yaşıyorum. Anladığım kadarıyla ben zihnimin yönetimini tamamen boş vermişim. Ah demek ki ruhum kendi dengesini yeniden kurmaya çalışıyor. Bireyleşebilmem için hayatımın akışıyla hep ileriye doğru hareket etmem, gelişmem, önceki yaşam evrelerime ve çevremde olup bitenlere takılmadan ve aklımı kullanarak ancak mümkün. Anlıyorum yaşadığım süreci çok iyi anlayabiliyorum. Yaşamımın daha önceki evrelerinde dünyada yerimi edinebilmek için çaba göstermiştim, şimdi ise daha manevi kaygılarla uğraşıyorum. Zihnimin oyununu, bozulan denge ve kaosunu artık görebiliyorum.

LOGOS: Hakikat hem dışarıda hem içeride, dolayısıyla manevi olgunluğa giden yol, dengeyi bulmaktan geçiyor. Derin manevi ihtiyaçlarına karşılık vermek için gelişmek zorundasın. Modern insan olarak derin bağlılık duygunu yitirdin. İçindeki muhteşem renk cümbüşüyle bütünleşebilmen için biraz yavaşlamalısın. Ruhunda modern yanın ile manevi yanın arasında bir yarılma nedeniyle depresif ve yolunu kaybetmiş bir hale geldin. Geçmişinden atalarının hakikatinden koparak, doğadan uzaklaşarak, egon ile anı defterin arasında çok büyük bir boşluk oluştu. Bu boşluk kapandıkça sen iyileşeceksin. Yalnız şunu unutma bu sadece senin değil şu anda içinde bulunduğun toplumun en büyük sorunu halinde. İşte ben şimdi bu yüzden buradayım. Sana senin zihninde neler olup bittiğini göstermek için buradayım. Bu yüzden hissetmeni istiyorum. Ancak his mevcut ise gerçek iyileşmen meydana gelecek. Bunu sadece bilinçli zihninle çalışarak başaramazsın. Bu yüzden manevi olarak içine dönmeli, duygularını hissedip sana gösterdiğim tekniklerle boşaltarak dengeni yeniden sağlamalısın. Sağlıklı bütünleşmiş bir ruha kavuşabilmen için içindeki karşıtların dengelenmesi gerekir. Çatışan karşıt iki eğilim bir kez bilince çıkarıldıktan sonra bunlar arasındaki gerginlik çözülebilir. İşte ancak bu süreçten sonra daha sağlıklı bir tutumu gösteren üçüncü bir durum ortaya çıkabilir. İşte sen o zaman ancak kendi içinde bütünleşebilirsin ve Yaradan'ın gerçek aşkına kavuşabilirsin. Yaradan'ın aşkıyla yaşamazsan yaşam seni serseme çevirebilir dikkat et! Şu anda yaşadığın toplumda birçok insan yolunu kaybetmiş bir durumda oradan oraya savrulup duruyor. Ah Vaveyla önce Yaradan'a olan inancınız azaldı sonra da hedeflerinizin hayallerinizin oluşacağına dair inancınızı azaltıp adeta yitirdiniz. Gelecek sizin için umut vaat etmemeye başladı! Oysaki umut korkunun panzehridir, umudunuzu asla yitirmeyin Vaveyla! Farkında mısın Vaveyla hayattaki en güzel şeyler hep bedavadır. Gülümsemek, sarılmak, aile, uyumak, temiz havada dolaşmak, çıkarsız dostluklar, aşk, oksijen, doğanın eşsiz gizemi, çocuklar. Bunlara sıkı sıkı tutunun Vaveyla!

VAVEYLA: Biz hep araba, ev, mücevher, ayakkabı, giysi gibi parayla satın alabileceğimiz eşyalara yöneldik. Bir de parayla satın alamayacağımız ama bizi diğer canlılardan ayırıp bizi biz yapan öğeler vardır ki biz asıl bunları unuttuk. Bunları unuttuğumuz için şimdi birbirimizi kolayca ötekileştirip yok etmeye çalışıyoruz. Karakter gibi, ahlak gibi, dürüstlük gibi, kalite gibi, kendin olmak gibi, adam olmak, mert olmak, merhametli olmak gibi evet biz asıl bunları unuttuk. Evet doğru sistem bizleri öyle bir hale getirdi ki çok hızlı yaşıyoruz. Şöhret bile 15 dakika sürüyor. Çok çabuk tüketiyoruz. Mutluluklarımız da, özlemlerimiz de, inançlarımız da. İnanç evet en önemlisi inancımızı yitirdik. Bir insan ancak inanç duygusu ile ayakta kalabilir, yoluna devam edebilir. Geçen gün müzik piyasasında hatırı sayılır bir yer edinmiş, müzisyen bir arkadaşımla birlikteydim. Arkadaşım "Ne kadar kaliteli beste yaparsan yap yine de parçalarının ömrü çok uzun olmuyor. Hızlı bir şekilde tüketilip bir tarafa atılıyor" diyordu. Ne kadar da doğru söylüyormuş aslında. Bir bakıyorsun intstagram ve facebook gibi sosyal medyada ve televizyonlarda, gazetelerde, dergilerde her yerde sen varsın. İnsanların yıldızı kısa bir sürede parlayıp kısa bir sürede de sönüyor. Sonra seni tüketip başka yeni tüketebilecekleri hedeflere yönlendiriliyorlar. Anında unutuluyorsun. Ne kadar da doğru ve güzel anlatmış. Sonra da şöyle demişti: "Artık inancım kalmadı. Bir şeyleri yapabileceğime, başarabileceğime dair inancım kalmadı." Söylemek istediklerini şimdi çok daha iyi anlıyorum.

LOGOS: Sistem en çok buradan yaraladı insanları. Hepiniz aynılaşmaya başladınız. Aynı marka altında içilen kahveler, yenilen yemekler, gidilen mekânlar, yapılan alışverişler, eğlenceler vesaire. Ama artık kendi müziğinizi keşfetmeniz gerekiyor. Herkesin en iyi söyleyeceği şarkının notaları kendi yüreğinde saklıdır. Bunun için yapman gereken her şeyi yap ve acını üreterek sevgiye dönüştür Vaveyla!

İnsan kendisini görmediği zaman yaşamın ve kendisinin anlamını kaybeder. İnsan ürettikleri üzerinden ancak diğeriyle ilişki kurabilir. İşte bu yüzden üretmek sizler için çok önemli ve kutsal. Yapılan bir şeyin diğeri tarafından görülmesi çok önemli. Yetimhanedeki çocuklar ağlamazlar Vaveyla biliyor musun? Onlar ağlamazlar çünkü ağlamanın onlar için bir anlamı yoktur, anlamsızdır çünkü. Yaptıkları bir davranışı, eylemi gören, onları hisseden, duyan yoktur! Anlıyorsun değil mi ne demek istediğimi?

VAVEYLA: İçim parçalandı, yüreğim sızladı, bunu bilmiyordum.

LOGOS: Üretmek sizler için çok önemli Vaveyla, üretmelisiniz, mutlaka üretmelisiniz. Üretmesi engellenen kişinin ruh sağlığı da bozulur. Üretip bunları mutlaka paylaşmalısın.

VAVEYLA Küçükken resim yapmayı çok severdim. Yıllardır yüreğimdeki renk cümbüşünü yüreğimin en derin köşelerinde kilitli sandıklarda saklıyorum. Artık açacağım sandığımın ağzını ve dünyayı görmek istediğim renklerle yeniden boyayacağım. Bana mutluluk veren şeylerin listesini çıkaracağım ve bunlara daha çok zaman ayıracağım. Yavaşlayıp yapmaktan keyif aldığım şeylere odaklanarak, hissederek, sadece o anın içinde olarak yapacağım. Örneğin sabahları kahve keyfine bayılırım. Ama bunu uzun süredir yapmıyorum. Yapmamak için de bir sürü bahane buluyorum. Yarından itibaren ofiste arkadaşlarımla kahve keyfi yapacağım. Kahvenin içerisindeki her bir telvenin tadını alarak o muhteşem kokusunu tüm hücrelerimde hissederek içeceğim. Bir de gülümseyerek. Bu yüzden gülümseyip kendimi şimdinin gücüne bırakıp anın içerisinden sevgiyle geçip gideceğim. Yüreğim Yaradan'ın aşkıyla eriyip yumuşamasına izin vereceğim.

Bak buna benzer bir duyguyu çocukluğumda hissetmiştim. Yaşamla dünyayla tek nefes tek vücut olmuştum adeta. Bunu şimdi seninle paylaşmak istiyorum.

Çocukken ait olduğum, doğduğum köyde her zaman yaptığım gibi yaban çilekleri arasında o tarafa bu tarafa koşturup oynarken, ağaçların yaprakları arasından sızan güneş ışınlarında bir melek görüntüsü belirmişti ansızın. Hayal miydi, gerçek miydi, mutluluğumun bana yansıması mıydı bilmiyorum. Bildiğim tek şey o an ben yaşamla bir bütündüm. Yaşam döngüsünde ayrı değildim. Sanki tüm dünya bendim. Tüm dünya benim etrafımda dönüyordu. Ama bu inanılmaz bir güç ve bütünlüktü. Bunu şimdi hatırladım. Bu deneyimi daha önce hiç hatırlamamıştım. Sadece bir kez yaşadım ama ne duyguydu. O günün hayatımın en güzel günü olmasına izin vermiştim. Hatta çok ilginç dağ çileklerinin kokusu burnuma geldi şimdi. Hem de tüm hücrelerime kokusu girmişti.

LOGOS: Bu bahsettiğin duygu aynı zamanda aitlik ve değerlilik duygusunun sesi. Ah evet aidiyet duygusu inanılmaz bir duygudur. Aidiyet duygusu sadece çocukluk döneminin gereği değildir. İnsan her yaşta aitlik duygusunu hissetmek ister. Yeteneklerini, gücünü keşfeden, özgürlüğünü elde eden kişinin bilinçli şekilde kendini güvende hissettiği, sevilip değer gördüğü yere ait hissetmesidir. Bu aidiyet duygusu beraberinde değerlilik duygusunu oluşturur. İçimizdeki değerlilik duygusunun sesi ise susmak bilmeyen bir sestir. Aidiyet duygusuyla güvenle bağlanan kişi aynı zamanda duygusal doyuma ulaşır. Aidiyet duygusu kurulmadığında ise duygusal yoksunluklar ortaya çıkar. Gideremediğin ihtiyaçların yeni yeni problemlere dönüşür. Dolayısıyla aidiyet ihtiyacının mutlak suretle doğru duygusal durumla en iyi şekilde karşılanması gerekir.

VAVEYLA: Doğru, küçükken kendimi ne yaşadığım evime ne de bu dünyaya ait hissedebildim. Hatta yaşadığım şehre, arkadaşlarıma, okuluma hiçbir yere ait hissedemedim. Koskocaman anı defterinden kendimi ait hissettiğim anı olarak sadece bir tane hatırlayabildim işte. Gerisini sen düşün. Of bir de şimdi aitlik duygusu çıktı. Bunu şimdi nasıl öğreneceğim? Tam herkesi olduğu gibi kabul edeceğim diyorum bu sefer karşıma anda yaşamak çıkıyor. Anda yaşamayı kavrıyorum derken birden karşıma aitlik duygusu çıkıyor. Bunun bir sonu yok mu artık Allah aşkına? Artık sen de beni kızdırmaya başladın. Sürekli bana soru sorarak beni sorularınla boğdun. Ben sana bir tane soru soruyorum. Sen de bana sayısız soru soruyorsun ya da kafamı daha da karıştırıp beni belirsizliğe atıyorsun. Ne yapmalıyım?

LOGOS: Ben hiçbir şeyden mutlu olmuyorum diyerek neşe duygunu öldürüyorsun. Beni sinir ediyorsun diyorsun ve öfke duygunu daha da sahipleniyorsun. Korkmamam gerekir diyorsun ve korku duygunu küçük görüyorsun. Neden böyle hissediyorum diyorsun ve hissettiğin duyguyu anlamsız buluyorsun. Duygularını yetersiz, gereksiz, anlamsız buldukça ve sahiplenmeyip beğenmedikçe sana anlatmak istediklerimi de kaçırıyorsun. Oysaki hepsinin sana birer mesajı var.

VAVEYLA: Yine aynı şeyi yapıyorsun. Sorun burada işte. Bu mesajları okuyamıyorum. Okumama yardım eder misin?

LOGOS: Seni çok iyi anlıyorum. Artık sevgide kalmak istiyorsun. Kendine, diğerlerine ve yaşama karşı nefret taşımak artık sana çok ağır geliyor. Ancak bunun için öncelikle sabretmeyi ve kendinle iyi geçinip kendine iyi gelmeyi öğrenmelisin. Kendine iyi gelemiyorsan burada bir sorun var demektir.

VAVEYLA: Epiktetos'un şu sözünü hatırlattı bu söylediklerin: "Büyük şeyler değil, hatta bir üzüm tanesi, bir incir bile bir anda olgunlaşmaz, oysaki olgunlaştırmasını istiyorsun, bu doğru mudur?" Epiktetos'un dediği gibi acele mi ediyorum yani? Ne hale geldim görmüyor musun? Daha ne zamana kadar neyi beklemeliyim?

LOGOS: Ben de senin bu söylediklerine Moycemeyer'in şu sözleriyle karşılık vermek istiyorum: "Unutma sabır sadece bekleme becerisi değildir, beklerken doğru davranış sergileme yeteneğidir!"

VAVEYLA: Şu hazırcevaplığına bayılıyorum!

LOGOS: Doğada insandan başka kendisi olmaktan korkan, çekinen ve utanan hiçbir canlı bulunmaz. Bu tüm yaşadığın duygular insan olmanın sana sunduğu armağanlardır. Duyguları olmayan hiçbir insan yoktur ki. Ancak bazı insanlar kendi benliklerini o kadar yok sayarlar ki hiçbir duygularını hissetmemeye başlarlar. Bu ayrı ve özel bir süreçtir. Kısaca deneyimlenen her duygu insanın bir parçasıdır.

VAVEYLA: Tamam peki ne yapmalıyım?

LOGOS: Kendini şu anda bir ırmağın kenarında düşünmeni istiyorum. Geçmişten bir anı gibi de düşünebilirsin bunu. Bu anıyı zihninde canlandırırken keşke orada öyle demeseydim, keşke öyle yapmasaydım dediğini düşün. Düşünebiliyor, zihninde hayal edebiliyor musun bunu?

VAVEYLA: Evet bunu hayal edebiliyorum.

LOGOS: Güzel! Yaşamda keşkeler ikiye ayrılır. Şikâyet etme, pişmanlık duyma aşamasında kalanlar, bir de alternatif üretenler olmak üzere. Alternatif ürettiğinde şöyle düşünürsün: Üzüldüm, pişman oldum, şikâyet ettim, çok canım yandı. Ama canımın acısından neyi istediğimi ve neyi istemediğimi de anlamış oldum. Yaşamda nerede zorlandığımı, sınırlarımı, potansiyellerimi, yetersizliklerimi, yapabileceklerimi ve yapamayacaklarımı da anladım. Kendimi tanıdım!" Bu da senin zihninde yeni alternatifler üretmeni sağlar ve geliştirir. Yani çözüm odaklı düşünürsün ve yoluna güçlenerek alternatifler üreterek devam edersin. Keşkelerin senin öğretmenin olur ve akılcı yanını kullanmayı öğrenirsin. Pişmanlık duyduğunda ise istemediklerine yapamadıklarına odaklanırsın ve onları görürsün. "Bundan sonra ne yapmalıyım? Neye ihtiyacım var? Bu durumu nasıl daha iyi hale getirebilirim?" gibi seni büyütüp geliştirecek soruları kendine soramazsın. "Neden benim başıma geldi? Keşke gitmeseydim... Keşke almasaydım..." gibi seni çaresizliğe iten cümleler kurarsın. Kısaca bozuk plak gibi zihnin takılı kalır, anlatabildim mi? Başına istemediğin deneyimler gelip 'keşke" dediğinde ileriye doğru merak duygusu geliştirebilmelisin içinde. Neye bakarsan onu büyütürsün, neye odaklanırsan hayatına onu çekersin!

Bu merak duygusu herkese özeldir. Evrene her zaman soru sor. Evrene soru sormaktan sakın korkma, kaçma. Seni ileriye taşıyacak en güçlü cevaplar ilahi düzende içimde. Akıllı sorular sormalısın. Biliyorsun cevaplardan çok sorular önemlidir. Geçmişin karanlık odalarında dolaşıp durmana sebep olacak değil de geleceğini güneşli günlere taşıyacak akıllı sorular!

VAVEYLA: Albert Einstein ne kadar da güzel ifade etmiş aslında bunu. Şimdi seni dinleyince bu sözcükler zihnimde ait oldukları yerlere bir bir oturmaya başladılar. "Merakınızın peşinden gidin. Benim özel bir yeteneğim yok. Yalnızca tutkulu bir meraklıyım" demiş Albert Einstein.

LOGOS: Evet geleceğin için tutkulu bir meraklı olmalısın. Bu içindeki bitmek bilmeyen soruları artık neden şeklinde sormaktan vazgeçmelisin. Bunun yerine "Nasıl daha iyi bir hale getirebilirim?" şeklinde tutkuyla ileriye yönelik düşünmelisin. Bunu sana fırsat buldukça hatırlatıyorum çünkü bunu hayatına yerleştirmeni istiyorum. Bu arada Eleanor Roosevelt'in de dediği gibi: "Başkalarının hayatından ders alın. İnsan bütün hataları kendi yapacak kadar uzun yaşamıyor."

VAVEYLA: Bu söze bayıldım. Anlıyorum, beni etkileyecek, heyecanlandıracak, gördüğüme sevindirecek, içimde coşku uyandıracak, bana yeni şeyler katacak şekilde akıllı sorular sormamı istiyorsun.

LOGOS: Yolculuklara çıkmalısın, etrafına bakıp izlemelisin, başını kaldırmalı yeni insanlarla tanışmalısın. Yaşadıklarından kaçmak için değil, hayatı yakalamak için yolculuklara çıkmalısın. Şimdi de ben sana Neale Donald Walsch'tan güzel bir söz söylemek istiyorum. "İyi hissetme ruhun ben buyum diye bağırmasıdır!" Anlatabiliyor muyum?

Ruhun aynen bu şekilde bağırmalı. Benden sana gelen eşzamanlı iletileri duy ve başlat yaşamla dansını! Sadece karar ver, yeteri kadar iste ve harekete geçip adım at!

VAVEYLA: Of bu çok zor ama!

LOGOS: Şu an bulunduğun yerde gördüklerin, yaşadıkların, bunların hiçbirinden memnun değilsin. Yaşamında gördüklerin, yaşadıkların, hissettiklerin, duydukların seni inanılmaz rahatsız ediyor.

VAVEYLA: Evet en büyük sorunlardan biri bu zaten. Yaşamımdaki hiçbir şeyden memnun değilim şu anda.

LOGOS: Sakin ol, dur biraz soluklan. Uzaklara, ilerilere, ötelere bak sonra, ihtiyaçların, istediklerin, arzuların, hayallerin neler? Kendini nerede görmek istiyorsun? Hayallerin, ihtiyaçların neredeler?

VAVEYLA: Bilsem ah bir bilsem. Aslında yok ki bileyim! Ne hayalim ne umudum kaldı... Yani seninle karşılaşıncaya kadar demek istemiştim. Sanırım biraz düşünürsem buna küçük de olsa cevap verebilirim.

LOGOS: Örgü örerken defalarca söküp yeniden ördüğün anları hatırlıyor musun? Hani lise üçe giderken kendine kırmızı bir şapka örüyordun? Dar oldu geniş oldu derken o ördüğün şapkayı defalarca sökmüştün. Defalarca söküp ördükten sonra şapka ancak şapka olabilmişti. Örülen iplerin bazen çözülmesi gerekir. Bu bazen kendinle, diğerleriyle ve yaşamla kurduğun ilişki için de geçerlidir. İçindeki düğümleri çözersen sen de yaşamındaki birçok takıldığın yeri rahatça geçip istediğin hayata kavuşabilirsin. Tıpkı kavuşmak istediğin kırmızı şapkaya sonunda kavuştuğun gibi. Hayatta hiçbir zaman hiçbir şey için geç kalmadın Vaveyla! Her gün yepyeni seçimlerle yeniden yeniden başlayabilirsin.

VAVEYLA: Her sökmem gerektiğinde nasıl da isyan etmiştim. Ama vazgeçmemiştim, bitirip gururla kullanmıştım şapkamı!

LOGOS: Yaz mevsiminin gelmesini dört gözle beklediniz çok heyecanlandınız. Bu yıl çok sıcak bir yaz oldu. Sıcaklık neredeyse bazı yerlerde 40 dereceyi buldu. Çok terlediniz öyle değil mi? Birçok yerde insanlar sokağa çıkamadı. Buna dayanamayıp sıcakla mücadele edemeyen bazı insanlar, hayvanlar ve bitkiler yaşama veda ettiler. Aranızdan usulca ayrıldılar. Birçoğunuz da güneşin, sıcağın hiç şikâyet etmeden keyfini çıkardı. Şikâyet etseniz de etmeseniz de yaz artık gidiyor size veda ediyor. Bak artık havalar yavaş yavaş yeniden serinliyor. Son günlerde hava daha serin, gökyüzü sisli. Biliyorsun sonbahar burada varoluşun bütün öğelerinin katıldığı bir konser havasında oluyor. Yere dökülen rengârenk ağaçların yaprakları sonbaharın en büyük müjdecisi oluyor. Ardından adeta insanlığın bütün ayıbını örtercesine beyaz gelinliğiyle gelen kış ve yine ardından birdenbire her yere büyük bir coşkuyla geliveren ilkbahar! Sonrasında yine beklenen yaz! Bazıları kışı sever bazıları yazı, bazıları sonbaharı bazıları ilkbaharı ama hayat kimseye torpil geçerek istediği mevsimin daha uzun kalmasını sağlayamaz. Gitmesi gereken zaman geldiğinde gider ve gelmesi gereken zaman olduğunda gelir. Kurmak istediğim bağlantıyı kurabildin mi?

VAVEYLA: İçimde de yeniden baharın geleceğini bilmek. Buna inanmak!

LOGOS: Sonra bir gün bakarsın açmışsın!

VAVEYLA: Bunu artık gerçekten çok istiyorum.

LOGOS: Bekle önce sis dağılsın! Görmeye acele etme.

VAVEYLA: İnşallah bu sisin dağılmasını görebilirim.

LOGOS: Tüm parçalarını sahiplenmelisin.

VAVEYLA: Sohbetimiz koyulaştıkça seni daha iyi anlıyorum. Zaman zaman kafam hâlâ karışsa da evet daha iyi anlıyorum.

LOGOS: Reddettiğin, onaylamadığın, kabul etmediğin yanlarını kabul etmeden kendini tam olarak kabul edemezsin. Zayıflığını, güçsüzlüğünü, korkularını, kaygılarını, seni utandıran her ne kadar sana ait özelliklerin varsa onları kabul etmelisin. Bu yönlerini kabul etmezsen kendini hep eksik hissedersin. Şöyle düşün, ben kıymalı makarnayı seviyorum diyorsan, bu kıymalı makarnanın içerisinde bulunan tüm yiyecekleri kapsar, öyle değil mi? İçindeki kıymayı sevmiyorum diyorsan kıymalı makarnayı seviyorum diyemezsin. Ya da "Kıymalı makarnanın makarnasını sevmiyorum!" diyorsan "Kıymalı makarnayı seviyorum!" diyemezsin. Kendini de sevdiğini söyleyebilmen için tüm parçalarınla olduğun gibi kabul etmelisin.

Kendine sık sık "Ben insanım" demelisin! Nedir ben insanım demek biliyor musun? "Her şeyi tek başına yapamayacağımın, sınırlı bir varlık olduğumun ve yaşamda diğerleri olmadan tek başıma devam edemeyeceğimin bilincindeyim" demektir. En önemlisi gerektiğinde yardım almayı kabul etmektir...

Yaşamda zorluk çekmeden başarıya ulaşan ve coşkuyla yaşayıp gerçek mutluluğu hisseden kimse yoktur. Gerçekten mutlu olmak ve aldığın her nefesin hakkını vererek yaşamak istiyorsan kendinle yüzleşmen gerekir. Bu yüzleşme sürecinde de insan olduğunu defalarca tekrar tekrar kendine hatırlatmalısın. Bunu maalesef günlük hayatın içerisinde koşuşturmaktan unuttun. Unutup kendine çok büyük sorumluluklar yükledin. Kendine o kadar anlamlar yüklemeye çalıştın ki bu gerçekten çok acımasızcaydı. Kendine en büyük düşmanlıklardan birini de işte burada yaptın. Senin de herkes gibi sınırlı yeteneklerin ve özelliklerin var.

VAVEYLA: Sence bu büyük bir sorun mu?

LOGOS: Senin için bu büyük sorun ya da değil diye sınırlamak istemiyorum. Bu çok doğru bir yaklaşım olmaz.

Her zaman olgun ve anlaşılır olmalıyım derken isteklerini ve ihtiyaçlarını unutuyorsun. Kaldıramayacağın yükler sırtlanıp kendinden daha da uzaklaşıyorsun. İçsesin en olmayacak yerlerde seni eleştirmeye başlıyor. Yapmaman gereken yerlerde kendine acımasız ve anlayışsız davranıyorsun. Duygularını ve davranışlarını o kadar bastırıyorsun ki ummadığın anlarda patlamalar yaşıyorsun.

Bu duruma düşmemek için istemediklerine "hayır" demeyi öğrenmelisin. Yeri geldiğinde başkalarının haklarını gasp etmeden "bencil" olabilmelisin. Kendi ihtiyaçlarını ön planda tutabilmelisin. Bazı anlarda istemediğini, onaylamadığını veya ilgilenmediğini rahatlıkla ifade edebilmelisin. Yani "Bunlar hoşuma gitmiyor, istemiyorum!" demeyi öğrenmelisin. Kendini diğerlerine sevdirmek için kalıptan kalıba sokmaktan vazgeçmelisin. Gerçekten seni olduğun gibi yargısızca kabul eden insanlara yüreğini açmalısın. Sınırlarını çok iyi çizmelisin Vaveyla! Yaşamı keşfetmene ve gülümsemene engel olan kişilere hayatında olmalarına izin vermemelisin. Bazen sevilmeyi hak etmediğini düşünerek boşluğa doğru yürüyorsun, yaşam seni sert bir şekilde sürüklese de; sevilmeye değer olduğunu her zaman yüreğinde hisset; çünkü yüreğinde Yaradan'ın gücü var. Senin üzerinden egosunu tatmin ederek kendisine değer verdiren kişilerin peşinden koştuğun sürece ilişkilerinde kaybedersin! Yüzüne kapılar kapandıkça artık güvenmen gerekenin insan olmadığını umarım artık anlarsın. İşin, eşin, arkadaşların ve para gibi dış referanslara değil özüne, kendi kaynaklarına dönmelisin. Kısaca kendinden kaçabileceğin bir yer olmadığını anladığında yüzleşip iyileşeceksin. Bana kendinden kaçabildiğin bir tek yer söyleyebilir misin? Söyleyemezsin öyle değil mi? Bu dediklerimi hayatına geçirdiğinde aslında kaybetmeyip kazandığını zamanla göreceksin. İlişkilerinde kazanmaya değil adaleti korumaya çalış. Çoğu zaman cevap vermemen söyleyecek bir şeyin olmaması değildir! Karşımdakinin beni anlamaya hazır olduğuna inanmıyorum demektir! Kimsenin yaşam tarzına karışmasına izin vermediğinde ve sen kimsenin yaşam tarzına karışmadığında olgunlaşacaksın. Unutma Vaveyla en iyi ilişki konuştuğun, paylaştığın, öğrendiğin, eğlendiğin, nefes aldığın ve koruduğundur!

Mutluluk sana değer verenlerin kıymetini bilmende gizli! Kendisini senden üstün sanarak peşinden koşturanlarda değil! Birlikte olduğun kişiler seni olduğundan daha iyi bir noktaya getirmiyorsa o ilişkide sorun var demektir.

Bak Vaveyla, birisiyle ilk karşılaştığında o kişi hakkında çok kısa süre içerisinde fikir edinirsin. İkinci karşılaştığında çok kısa süre içerisinde tekrar bir fikir edinirsin. İlk karşılaşmanda edindiğin fikir ile ikinci karşılaşmanda elde ettiğin fikir uyuşuyorsa harika. Uyuşmuyorsa ikinci karşılaşmanda bu kişinin sende oluşturduğu hisse odaklan. Genelde ikinci karşılaşmada edindiğin fikir doğrudur. Eğer bu kişinin sende oluşturduğu hisler olumsuz ise üçüncü şansı tanıma. İnsanların nasıl olduklarını anlamak için davranışlarına değil sende hissettirdiklerine odaklan. Hisler yalan söylemez! Sen de insanlara ne hissettirdiğini sorgula. Sen kendini olduğun halinle kabul edip onayladıktan sonra, bu karşındaki kişilere de yansıyacaktır. Onlar da kendilerini senin yanında değerli ve iyi hissedeceklerdir.

VAVEYLA: Ne kadar güzel anlattın. Olduğum halimle; utanmadan, korkmadan, tüm renklerimi gösterip öylece parlayabilmeliyim. Evet ben parlamak ve artık mutlu olmak, gülmek, rahat nefes almak istiyorum!

LOGOS: Parlamak ve mutlu olmak istiyorsan zihninden çıkan her sesi dinlememeyi öğrenmelisin. Yaşamında bir şeyler kötü gittiğinde zihnin sana abartarak bir sürü şeyler söylemeye başlıyor, "Bir daha kimseye inanma, kimseye güvenme, sen zaten yetersizsin, beceriksizsin, uzak dur ki acı çekme, zaten sen şanssızsın..." gibi. Fakat sen bu uyarıları dinlemekten kendi deneyimlerinle ilgili çok önemli şeyleri kaçırıyorsun. Yaşamı, olduğu gibi kabul etmeyi, kendine izin vermeyi ve fırsatları kaçırıyorsun. Daha da kötüsü acını artırıyorsun. Niyetlerini ve seçimlerini iyi hem de çok iyi gözden geçirmelisin Vaveyla!

VAVEYLA: Evet kendi kendimin acısını artırıyorum. Artık bunun bilincindeyim. Niyetlerimin ise farkında bile değilim.

LOGOS: Acı içinde olduğunda kendinle dost olmayı öğrenmelisin. Kendinle dost olup kendinin yanında olabilmelisin. Ah keşkelerin geride kaldığını kendine sürekli hatırlatmalısın. Yanında olmak demek; kendini eleştirmeden, yargılamadan, incitmeden, çekiştirmeden olduğun gibi kabul ederek aynı yerden bakabilmendir. Kendine merhametli davranıp yardım edebilmendir. Elinde kocaman bir havlu olduğunu ve bunu aynanın karşısına geçip vücuduna yerleştirerek kendinden ve diğerlerinden saklamaya çalıştığını düşün. Sırtına, karnına, boynuna yerleştirmeye çalıştığını. Bunu saklamaya çalışmak seni daha çok yorup güçsüz düşürmez mi? Havluyu eline alıp önce kendin baksan sonra yanındakilere göstersen daha çok rahatlamaz mısın? Hepimiz zaman zaman güçsüzleşip yoruluruz, bundan daha doğal ne olabilir ki? Oysaki saklamaya çalışman yorar ve daha da güçsüzleştirir seni. Paylaşman ise seni çevrendekilere daha çok yaklaştırır ve güçlü kılar. Saklaman değil!

VAVEYLA: Evet ben bunu yapamıyorum. Ne zaman bunu yapmaya kalkışsam bir güç buna engel oluyor. Ne kadar kötü özelliğim varsa hepsini bana sıralıyor. Benim tüm kötü yönlerimi hatalarımı göz önüne serebilmek adına elinden geleni ardına bırakmıyor. Çıkıp gidiyor ve eleştirmediği ne geçmişim ne şimdim, hiçbir şeyim kalmıyor. Saçma sapan bir ırmağın pisliklerini kenara vurduğu gibi yüzüme yüzüme vurup duruyor. Sarkacın ucunda sallanıyorum. Nereye ve nasıl gideceğimi bilmiyorum. Tek bildiğim kendimi yargılamada ve suçlamada üstüme kimseyi tanımadığım. Ardından da türlü türlü oyunlarla maskelerle saklama çabalarım.

LOGOS: Kendinle düşman değil dost olmalısın bunu unutma. Zor zamanlarında bundan sonra ilahi düzene şu soruyu mutlaka sormalısın: "Bundan beş yıl sonraki aklımla şu an bu zor dönemdeki Vaveyla'nın bedenine ruhuna nasıl davranması gerektiğine dair hangi öğütleri verirdim? Niçin bu soruyu sormalısın biliyor musun?

VAVEYLA: Niçin?

LOGOS: Başına istemediğin deneyimler geldiğinde kendini çoğu zaman çaresiz hissediyor ve her şeyin senin kontrolün dışında geliştiğini düşünüyorsun. İşte tam da böyle zamanlarda bazı şeylerin hâlâ kendi ellerinde olduğunun farkına varman iyi gelecektir. Senin cevaplayamayacağın soruların cevabına ilahi düzene sorular sorarak üst bilinçten, büyük anı defterinden (kolektif bilinçten) rahatlıkla ulaşabilirsin. Kendin görebilsen cevabı yani şu anki bilinç seviyen buna yetse zaten bu durumda olmazdın. Bir üst bilince evrene sorular sorarak ancak ulaşabilirsin.

VAVEYLA: Sana katılıyorum.

LOGOS: Kendine yapacağın acımasızca özeleştirilerden artık uzak durmalısın. Acı çektiğinde, korktuğunda veya bir şeyi başaramadığın zamanlarda, kendine kızdığında, kötü davrandığında, küçük görüp cezalandırdığını fark ettiğinde bu acımasız yanının sesini iyice kısmalısın. Bu sesi iyice kıs ve şefkatin sesini aç. Kendine sıkı sıkı sarıl. Neye ihtiyacın olduğunu fark et. Unutma bu hayatta az ya da çok herkesin kendine göre acısı vardır!

VAVEYLA: Benim en çok kendime yaptığım suçlamalardan bir tanesi ne biliyor musun?

LOGOS: Nedir?

VAVEYLA: Kendimi belli kalıplara sokuyorum. "Ben kendimi ifade edemem..." "Utangacım..." "Beceriksizim..." "Yeteneksizim..." diyorum ve buna kendimi inandırıyorum.

Geçen yaza doğru Arda'nın okulunun düzenlediği ilkbaharı karşılama pikniğine katılmıştık. Piknikte çocuklara yönelik etkinlikler, yarışmalar falan düzenlemişlerdi. Birinci gelenlere de işte küçük ödüller falan veriyorlardı. Çocuklar aileler birlikte eğleniyorlar ve çocuk sesleri piknik yerinin dört bir yanına yayılıyordu. Bu etkinlikler içinde oğlumun en çok ilgisini çeken çuval yarışları olmuştu. Oğlum bizim de yarışmaya katılmamız için çok ısrar etti. Ama içimdeki ses hemen bağırmaya başladı: Hayır, hayır, kesinlikle hayır! Sen yapamazsın, düşürürsün, sonra herkes sana güler, alay konusu olursun vb. Ben yarışmaya katılmayınca oğlum o kadar üzüldü ki anlatamam.

LOGOS: Tüm bu düşüncelerinin altında değersizlik duygusu yatıyor. Yetersizlik inancından arınmak için ben değerliyim hatta daha da ötesinde olan insanım bilincine ulaşmalısın. Yani yapabileceklerim sınırlıdır, yeteneklerimin yeterli olmadığı durumlar olabilir. Sosyal bir varlığım ve hata yapma hakkım var. Hata yapmam benim kötü bir insan olmam anlamına gelmez. Gücümü kimseye ispatlamak zorunda değilim. İnsanım ve istek ve arzularımı giderebilirim demelisin. Doğadaki diğer canlılara göre insan zayıf bir varlıktır. Bu nedenle her insan eksiklik duygusu ile dünyaya gelir. Çocuk dünyaya çaresizlik içinde başlar. Güçlü yetişkinler arasında çocuk güçsüz ve çaresizdir. Sonraki yaşamı boyunca kendisi üzerinde egemenlik kuran kişilere kendini kanıtlamaya hatta kusursuz olmaya çalışır. Bu duygu evrenseldir. İçinde büyüdüğün aile bireylerinde de yoğun bir şekilde değersizlik duygusu olduğu için bu sana daha fazla aktarılmış olmalı. Sen de bunlarla baş edebilmek için taktığın maskelere fazla tutundun. Bu duygunu kabul ederek değiştirmeye niyet etmelisin. Kendine değer verdiğini gösterecek şeylerden başla işe. Sana kendini değersiz hissettiren kişilerden kendini koru. Geç aynanın karşısına gülümse ve ben çok değerliyim de. İçindeki kendini değersiz hisseden çocuk tarafından yönetiliyorsun. O çocuk büyüdü artık!

VAVEYLA: Evet bu söylediklerin beni biraz olsun rahatlattı.

LOGOS: Farkında mısın sürekli acıdan kaçmaya çalışıyorsun?

VAVEYLA: Nasıl yani?

LOGOS: Acılarını yok say demiyorum. Kesinlikle bunu bu şekilde algılama. Söylemek istediğim kesinlikle bu değil. Acını yok etmeye çalışman öğretmenini yok etmeye çalışman demektir.

VAVEYLA: Peki ne yapmalıyım?

LOGOS: Büyümenin, olgunlaşmanın, üretmenin verdiği acıyı ruhundan çekip almaya çalışman, onun gelişimini durdurman demektir.

VAVEYLA: Ruhumda acıyı hissettiğim zamanlarda biraz beklemeli, acıyı anlamlandırmalı, sindirmeli, sabretmeliyim, öyle mi?

LOGOS: Yaşadıkların uzun vadede güçlenerek, büyüyerek içinden çıkılan kıymetli bir deneyim olmalı. Kendini kırıp dökmeden, incitmeden, sabır ve şefkatle. Acın seni dönüştürmeli! Bazı acılar çocukluğumuzdan kalan yaralarımıza temas ederler. Usulca dokunup kanatıverirler. Sen arkanı dönüp olup biteni anlayana kadar ruhuna olan olmuştur oracıkta. İşte sen kabul etmek istemediğin anı defterinde bastırdığın tüm gölgelerinle yüzleşip bütünleştikçe yaşamla da bütünleşeceksin. Kendinle olan ilişkin düzeldiği an da tüm yaşamla olan ilişkin düzelecek! Yeter ki acının daha öncekiler gibi geçeceğini kendine hatırlatmayı unutma! Hayatta bazen ilerlemen için durman gerekir. Durmaktan beklemekten korkma!

VAVEYLA: Evet bazı zamanlarda "şimdi" bir anda geçmiş oluverir. Ne bileyim bir şeyler oluyor geçmişe dair, zaman kavramı yerle bir oluveriyor. Zaman zaman içine giriyor adeta. Sanki şimdi yaşadığım yeni yaşadığım bir acıyı yıllardır yaşıyor gibi oluveriyorum. Gerçekten bazı yaralar çok tanıdık geliveriyor. Bu yaralara bakamıyorum, bakmak istemiyorum belki de, dediğin gibi bu yüzden tamamlanamıyorum. Anı defterimin eksik parçalarını bulmaya çalışıp tamamlamaya çalışsam belki de yüreğimde kardelenler selamlayacak yeni doğan güneşi. Lavanta kokusunda, kızıl toprakta olgunlaşmış kara üzüm tadında!

LOGOS: Hissettiklerinin hepsini ben de hissettim. Çaresizliğin, acın, hayal kırıklıkların benim de misafirim oldu. İkimizin arasındaki bağı güçlendirecek olan duygulardır. Deneyimler değildir. Ben seni sandığından çok daha iyi anlıyorum. İnsan olduğunu kendine hatırlattığın müddetçe duygusal bağımız daha da güçlenecek.

VAVEYLA: Peki seninle olan duygusal bağımı nasıl güçlendirebilirim?

LOGOS: Sana daha önceden de bunu defalarca söyledim. Başın sıkıştığında burnundan derin bir nefes al ve aynaya bakarak "Sen ve ben biriz" kelimelerini tekrar ederek gözlerinin içine bak. Bu süreçte sorularını evrene sor. Sen benim aracılığımla evrenle bağ kuruyorsun. Cevaplarına ancak benim aracılığımla ulaşabilirsin. Yaşamda yaptığın hiçbir seçim tesadüf değil. Bazen bilinçli zihninle seçimler yaparsın. Bazen de anı defterin seni ayakta uyutur ve kurnazca senin yerine seçimlerini yapıverir. Ruhun hiç farkına varmaz. Hangi çiçeği neden seviyorsun, bugün dışarıya çıkarken hangi ayakkabılarını neden giydin, hangi çantanı neden aldın, ilk gelen otobüse neden binmedin? Benimle ilişkini geliştirdikçe seçimlerini bilinçli farkındalıkla yapacaksın. İlişkilerini daha iyi yöneteceksin, daha az hata yapacaksın, daha gerçekçi düşüneceksin, alternatifler üretip yaşama sıkışıp kalmayacaksın, daha enerjik, daha başarılı ve daha mutlu olacaksın!

VAVEYLA: İnşallah zor anlarımda bu söylediklerin aklıma gelir ve seninle hemen iletişime geçerim.

LOGOS: Şimdi sana yine çok önemli bir bilgi vereceğim. Bu söyleyeceklerimi hiçbir zaman unutma hep hatırla tamam mı?

VAVEYLA: Bana o kadar güzel şeyler söyledin ki ben bunların hangisini aklımda tutacağım?

LOGOS: Sana benimle bağ kurup doğru seçimler yapabilmen için basit ama oldukça etkili bir teknik daha öğretmek istiyorum. Vaveyla benimle olan bağını güçlendirmen için karar anlarında, zor süreçlerinde ve zaman zaman gün içerisinde burnundan derin bir nefes al ve nefesini alnının ortasına getirip sıkıştırdığını ve orada tuttuğunu düşün. Bu süreçte de "Şimdi ve buradayım, şimdi ve buradayım..." şeklinde kendini telkin et. Daha sonra zihninin çekmecesinden yapman gereken en doğru seçimi çekip çıkardığını düşün. Bir davranışı yapmadan önce hemen sonucunu düşün. Bu seçiminle deneyimleyeceğin sonuç istediğin bir sonuç mu? Bunu mutlaka her seçiminde kendine sor. Zihnine "kazan-kazan" mantığını çok iyi yerleştir. Bu benimle iletişimi sıcak tutman ve bağını güçlendirmen için harika bir teknik. Yani yapacağın hangi seçim sonucunda daha kazançlı çıkarsın, bunu bencilce sadece kendi çıkarlarını gözeterek değil bütünün hayrına olacak şekilde yapmalısın. Kazan-kazan oynadığında kaybettiğini düşündüğün birçok şeyin senin lehine olduğunu göreceksin. Söylediklerimi yaşamına sokmaya başladıkça, içselleştirdikçe bunların hepsi senin yaşam yolculuğunda en güçlü pusulaların olacak merak etme. Yani sen uygulamaya, hayatına geçirmeye kararlı bir şekilde devam ettikçe zihnin bunu zamanla otomatik pilota bağlayacak ve kendiliğinden yapmaya başlayacak. Tıpkı ilk arabayı kullanırken vites, debriyaj, fren neredeydi diye tüm dikkat ve odaklanmayla öğrenmen, daha sonra arabayı çalıştırıp işyerine vardığın süreci bile hatırlamaman gibi.

VAVEYLA: Neyse merak ettim şimdi ne söyleyeceğini. Hadi söylesene bana bu çok önemli dediğin şeyin ne olduğunu?

LOGOS: Kendinle olan ilişkini kesinlikle öldürmemelisin. Kendinle olan ilişkini kesmemelisin! Aksi takdirde tekrar başa dönersin.

VAVEYLA: Peki bunu nasıl yapacağım? Bir de bunu nasıl anlayacağım? Kendimle olan ilişkimi öldürüp öldürmediğimi nasıl fark edebilirim? Buna karşı farkındalığımı nasıl geliştirebilirim?

LOGOS: Kendinle olan ilişkini öldürüp öldürmediğinin ilk ölçütü kendini küçümsemendir. Örneğin fiziksel özelliklerini veya herhangi bir kişilik özelliğini aşağılamamandır.

İkincisi kasıtlı olarak ruhunu yok sayman onu incitmendir. Bu kendine uygulayacağın fiziksel bir şiddet olabileceği gibi duygusal şiddet de olabilir. Duygularını yok sayman, küçümsemen, görmezden gelmen vb.

Üçüncüsü ise başına gelen her şeyde kendini suçlaman. Problemdeki dış faktörleri yok sayman ve hepsini kişiselleştirmen.

Dördüncüsü ve sonuncusu ise başına gelen olumsuz bir deneyimi yok sayman, bastırmandır. Sanki hayatında hiç problem yokmuş gibi davranman. Bu uzun vadede sana çok daha fazla zarar verecektir. Çünkü bastırılan hiçbir duygu yok olmaz. Mutlaka çıkacak bir yol bulur. Bu duygunun bulduğu yolun bedeli de sana çok ağır gelebilir.

VAVEYLA: Gerçekten ben kendime çok kötü davranıyorum. Birisi beni olduğum gibi kabul etmediğinde, reddettiğinde, hak ettiğim değeri vermediğinde duyduğum üzüntüyü hatırladım. Ben bu duyguyu çok hissettim. Ama bunun için hep diğerlerini suçladım. Oysaki buna ben izin veriyormuşum. Kendi düşmanım kendim olduğum için izin veriyormuşum.

LOGOS: Kendi gücünü hisset. Seni mutsuz eden şeylerin farkına var ki sen ve senden sonraki neslin rahat etsin. Hayat bir değişimdir. Yaşam bir devinimdir. Değişim ise kişinin içinden başlar.

BEN: Of yoruldum! İçim yandı, eskileri hatırladım. Anlattıkların çok anlamlı ve gerçekçi. Yalnız bazı yerleri sanki tam kavrayamadım kafam karıştı.

LOGOS: Bunu söylemekte çok haklısın. Zaten söylediğim her şeye hemencecik katılsan, kabul etsen, elmayı soymadan parçalamadan bütün bütün yutman gibi söylediklerimi sindirmediğini düşünürdüm. Bunu her zaman yapmalısın. Yaşamın sana sunduklarını yutmadan önce biraz elinde tutmalı, bakmalı, incelemeli, koklamalı, sana uygun olup olmadığını, hoşuna gidip gitmeyeceğini, faydası olup olmayacağını değerlendirmelisin. Bir şey içine sinmediyse, mideni bulandırıyorsa onu bırakabilmelisin. Çiğnememelisin, yememelisin anlıyor musun? Ama içine siniyorsa sindire sindire yavaş yavaş tadını alarak çiğnemelisin. Hatta elmanın tohumunu sevgiyle toprağa bırakmalısın ki insanlığa yine yeniden dönsün ve hizmet etsin!

Herkes senin gibi düşünürse seninle onların arasında hiçbir fark olmaz. Herkesin aynı düşünceleri paylaştığı yerde ne doğrular ortaya çıkar ne de yanlışlar. Doğru ve yanlışların ayırt edilmediği bir toplumda insan hiçbir zaman tam olarak kendini gerçekleştiremez.

VAVEYLA: İşte bu süreçte yolda sürekli kayboluyorum.

LOGOS: Ormanda kaybolan insan oradan çıkabilmek için derin ve yoğun bir biçimde düşünmeye başlar. Güneşin durumu, yürüdüğü yön ve arazi hakkında sahip olduğu bilgilerle ilgili verileri hesaba katarak ormandan çıkış için bir teori geliştirir. Eğer bu teori onun ormandan kurtuluşunu sağlarsa doğru, kurtuluşunu sağlamazsa yanlıştır.

VAVEYLA: Yani doğruluk günlük hayatımızdaki sorunların çözümündeki işleviyle ölçülür. Bunu mu demek istiyorsun yani?

LOGOS: Evet! Yıllarca kanser gibi birçok kronik hastalıklar üzerinde binlerce bilimadamı çalışmalar yapmıştır. Bütün bu çalışmaların da başarıyla sonuçlandığı söylenemez. Ancak bunca yapılan bilimsel çalışmaların boşa gittiği düşünülemez. Çünkü her başarısız sonuç aslında bizi doğruya biraz daha yaklaştırır. Örneğin bir problemi çözmek için bin çaba gerekiyorsa daha önce gösterilen çalışmalar yeni gösterilecek çabaları azaltır. Çünkü en azından hangi yolların problemi çözmediği anlaşılmış olur.

VAVEYLA: Yani insan da yaşamında yeni yollar deneyerek daha birikimli ve bilinçli ilerler demek istiyorsun.

LOGOS: Hayatın güzelliklerine farklı açılardan bakmak, insan olmanın mutluluğunu hissetmeli, adeta hayata yeniden başlamalı ve kendinin diğer varlıklardan farklılığını ortaya koymaya çalışmalısın! Dikkat et Vaveyla daha iyisi olmalısın demiyorum farklı olmalısın, farkını koyabilmelisin diyorum! Elinden gelenin en iyisini yaparak farkını koymalısın. Kaybettiğin hiçbir şey için üzülme. Kaybettiklerin kurtulduklarındır. Körü körüne bir şey isteme, bilinçli seçimlerinle yoluna devam et. Yolun seni nereye çıkaracağını asla tahmin edemezsin.

İlham kaynağı olabilecek bir manzarayla karşı karşıya kaldığında zihninde hemen bir fotoğraf canlandırmalısın. Daha sonra zihninde çerçevesini belirlediğin o fotoğrafı istediğin gibi zenginleştirip kendi tuvaline yansıtmalısın. Allah'ın bize sunduğu bu mükemmel denge içerisinde sen kendi duygularınla kendi tuvalini yani dünyanı yeniden kurgulamalısın. Ha bu arada duygularınla aran nasıl?

Yaşamda hissettiğin kadar yaşarsın. Yaşamda en güçlü pusulan olan duygularını keşfetmen en büyük kazanımındır. Duyguların senin için çok değerli ve güçlü veriler. Acın, neşen, kederin, öfken. Bu duygularının hepsi kendini tanımanı sağlayacak, ihtiyaçlarına karşı farkındalık yaratacak ve seni ileriye taşıyacak bilgiler içeriyor. Bu duyguların sana ifade etmeye çalıştıklarını çok iyi dinlemen gerekiyor. Yani duygularına karşı hassas bir dinleyici olmalısın ki onların sana fısıldamak istediklerini duyabilesin.

Bir bütün oluşturan unsurlar arasındaki çelişkiyi kaldırırsak o bütünü de yok ederiz. Bir bütün ancak karşıt unsurların bir arada bulunmasıyla varlığını sürdürebilir. Zirveye çıkan yol ile zirveden inen yol bir ve aynıdır. Gerçek dediğimiz şey sürekli çatışan ve değişen unsurlardan oluşur. Örneğin düşmanlık olmazsa dostluk, sıcak olmazsa soğuk, başarı olmazsa başarısızlık var olmaz. Bu karşıt unsurlar nedeniyle varlıkta sürekli bir mücadele vardır. Çatışma, değişim, gelişim ve hareketin özüdür. Öyleyse her şey bir halden başka bir hale doğru akış içindedir.

Bu yaşam mükemmel düzen ve uyum içindedir ve bu durum duyguların içinde söz konusudur. Dışarıda var olan mükemmel dengenin içinde de var olduğunu görüp hissedebiliyor musun?

Artık bu ahengi görebilmeli ve tüm duygularını sevgiyle karşılamalısın.

VAVEYLA: Evet bunlar ne kadar doğru şeyler. Olumlu olumsuz tüm duygularımız olmasa bize neyin iyi neyin kötü geleceğini nasıl anlayabiliriz ki? Ne zaman kendimizi savunmamız gerektiğini ne zaman susmamız gerektiğini, öfkemizi, sevgimizin ne zaman filizlenip coştuğunu nasıl anlayabiliriz ki?

LOGOS: İnsandaki temel duygu "kendini koruma"dır. İnsan bu duyguya aykırı olan her şeyden kaçar, bunu destekleyen her şeyi elde etmek ister. Bir şeyin iyi ya da kötü olduğuna da buna göre karar verir. Bu bakımdan haz ve acı duygularımız da kendimizi koruma isteğinden doğarlar. Varlığımızı koruyup ilerlememize yarayandan sevinç duyarız, buna engel olandan da üzüntü duyarız. Anlatabiliyor muyum? Artık duygularına arkanı değil yüzünü dönmelisin. Sana anlatmak istediklerini dikkatle dinlemelisin. Dinle duygularını!

VAVEYLA: Günümün büyük bir çoğunluğunu sonrası hakkında kaygılanarak geçiriyorum. Şimdi seni dinlerken de kendimi bu geleceğin belirsizliklerini düşünmekten alıkoyamıyorum. Az sonra nasıl olacak, neler olacak? Bu ve buna benzer soruları şu an olduğundan daha fazla merak ediyorum. Geleceğin nasıl geleceği ile ilgili düşüncelere kapılıp gitmeme engel olamıyorum.

LOGOS: Seni çok iyi anlıyorum. Bu içinde bulunduğunuz çağın sorunu. Birçok insan zihninde buna benzer sorularla baş etmeye çalışıyor. Ne dersin? Bunun farkında değil misin? Bu konuda yalnız olduğunu mu düşünüyorsun?

VAVEYLA: Bilmiyorum. Diğer insanların bu sorunu ne kadar yaşadıklarını bilemiyorum. Ancak beni gerçekten çok rahatsız ettiğinin farkındayım.

LOGOS: Bununla ilgili sana şimdi muhteşem bir tekniği söyleyeyim. Emin ol bu işine çok ama çok yarayacak.

VAVEYLA: Nedir, çok merak ettim?

LOGOS: Geleceğin sana neler sunacağı ile ilgili kaygılı düşüncelere kapılıp gitmeyi engellemenin yolu geleceği yaratabilmen için harekete geçmendir.

Hayat sadece belirsizliklere karşı cesaretle yelken açanlara tüm mucizelerini cömertçe sunabiliyor.

Korkunun içine girdin mi korkunun eriyip gittiğini göreceksin. Yeter ki bu korkunun içine gir, korkunun içine içine, gözüne gözüne bak, orada birazcık kal ve sonra yoluna devam et. Korkun senden korksun sen korkundan değil! Bir şeyi düşünmemeye çalışman onu daha fazla düşünmene sebep olacak. İnsanlar bu yüzden yoğun aşk acısı çekerler, sigarayı bırakmaya çalışırken daha çok içerler, diyet yapıp kilo vermeye çalıştıkça yemekler daha çok gözlerinin önüne gelir. Beyin bu konuda ters çalışıyor Vaveyla anlıyor musun? Unutmak ve düşünmek istemediğin şeyi vücuduna, bedenine, eline yüzüne daha çok yapıştırıyorsun. Bu yüzden kurtulmak istediğin düşünceyi unutmaya ve düşünmemeye çalışman onu daha da büyütmen anlamına geliyor. Tam tersine kurtulmak istediğin düşünce geldiğinde kaçma ve geçip git içinden. Geçip giderken öylesine güçlü bak ki korkut onu! Önüne çıkan korku sisinin dağılıp yok olduğunu göreceksin. Şimdi burayı çok iyi dinlemeni istiyorum Vaveyla! Aynanın karşısında gözlerinin içine bakarak "Sen ve ben biriz" telkinini birkaç dakika tekrar ettikten sonra "sadece" işte buraya çok dikkat et "sadece" kurtulmak istediğin düşüncene odaklan ve aynanın içinden arka tarafa bu korkudan özgürleşip yeni bir "sen" olarak geçtiğini hayal et. Bu çalışmaya korkundan tamamen özgürleştiğini hissedene kadar devam edebilirsin. Zaten en fazla iki veya üçüncü çalışmada korkunun dağılıp yok olduğunu göreceksin. Sonra da aynada gözlerinin içine bak ve en çok ihtiyacın olanları kendine söyle. Ama unutma hissederek yüreğinde kıpırdanmalar oluşacak şekilde söyle.

VAVEYLA: Korkunun içine girmek, orada kalmak ve özgürleşmeyi düşünmek bile çok heyecan verici.

LOGOS: Sıkıntı, üzüntü, depresyon, adına ne dersen de, tüm bunlar üzüntü duygusunu yaşamamak adına ödediğin ciddi bedellerdir. Korku da belirsizliğin içine girmemek adına ödediğin bedeldir. Her korkun senin yaşam alanını her geçen gün biraz daha daraltır.

Hep kurtulmaya, sanki hiçbir sorun yokmuş gibi kaçıp gitmeye çalışıyorsun. Korkunun içinden çıkmaya, kaçmaya çalışma. Bu durumun içinde biraz kal bakalım. Yerleş demiyorum bak dikkat et, sadece birazcık kal diyorum. Bu duygunun sana söylemek istediklerini duy, hisset, gör, onu anlamaya çalış. Bu duyguna elini uzat. Dur, yaşam yolculuğunda ilerlerken bu korkunu tanı ki yaraların iyileşsin. Kendine şefkat göster ve dindir korkularını, düşür ateşini, işte o zaman sağlıklı adımlar atabilirsin. Bunları sana sohbetimizin en başından itibaren anlatmaya çalışıyorum zaten. İlk kez söylemiyorum. Ancak sen aynı şeyleri sorup durdukça içselleştiremediğini düşünüp farklı örneklerle açıklamaya çalışıyorum.

Bunları uyguladıkça, hayatına yerleştirdikçe iyileşeceksin. Sana göz hareketlerinle korkunu ve olumsuz duygularını nötrleyebileceğin bir teknik daha öğretmiştim hatırladın değil mi? İstersen korku-kaygı anlarında ve istemediğin duyguları temizlemek için onu da uygulayabilirsin. Bak artık cebinde bir sürü zor anlarında baş edebileceğin malzemelerin oldu. Hangisini seversen hangisinin sana daha iyi geleceğine inanıyorsan onu kullanabilirsin. Dediğim gibi zamanla zihnin bunu otomatik pilota kendiliğinden zaten bağlayacak.

VAVEYLA: Evet haklısın unutuyorum bana öğrettiklerini uygulamayı ama farkındayım zihin tekrar ettikçe öğreniyor ve değişiyor.

LOGOS: Harekete geçmeden sorumluluğunu almadan değişim gerçekleşmez anlıyor musun? Bunun için öncelikle neye ihtiyacın varsa onu hisset! Hisset ve tanı ki ihtiyacın olan şey sana gelsin.

VAVEYLA: Sana bir şey itiraf edeyim mi?

LOGOS: Tabii ki et bakalım neymiş itirafın?

VAVEYLA: Benim aşka ihtiyacım var.

LOGOS: Yaşamın boyunca âşık oldun mu? Bu duyguyu yoğun olarak hissettin mi?

VAVEYLA: Tabii ki oldum. Sanırım ben hep o aşkın ilk hallerini arıyorum. Zamanı eritmek, ayaklarımı yerden kesmek ve tek bedende tek yürek olup bütünleşmek istiyorum. Kalbim artık hiç heyecanla çarpmıyor! Kalbimin çarpmasını istiyorum, avuçlarımın terlemesini ve yine saatlerce aynanın karşısında kendimi beğendirmek için zaman geçirmek istiyorum. Benim yeni bir aşka ihtiyacım var!

LOGOS: Sorun nerede sence?

VAVEYLA: İlişkilerimin hemen hepsinde büyük bir hayal kırıklığına uğradım. Hiçbir ilişkimde doyasıya sevip doyasıya sevilmedim. Başlangıçta büyük bir tutku ve heyecanla başlayan ilişkilerim hep hüsranla sona erdi. Her seferinde tamam bu, buldum dediğim ilişkilerimde belli bir süre sonra kendimi yalnız hissettim. İlişkilerim hep beni yarı yolda bıraktı. En uzun süren ilişkim bu da malum çocuklar yüzünden sürüyor.

LOGOS: O halde ilk âşık olduğun süreçteki gibi sürekli olarak heyecanlı ve tutkulu yaşamak istemiş olabilir misin aşkı? Bu heyecanın peşinden koşmuş olabilir misin sürekli?

VAVEYLA: Evet ben o heyecanı arıyorum. Zaten biraz önce sana anlatmak istediğim de buydu. Şu anda ilişkimiz o kadar sıkıcı ki hiçbir heyecanı kalmadı. Eşim bana eskisi kadar değer verip ilgi göstermiyor. Benimle hiç ilgilenmiyor. Evimiz akşamları zorunlu gelinen bir mekâna dönüştü. Çoğu zaman birbirimizle derin muhabbete giremediğimiz için televizyon ve akıllı telefonlarımıza saldırıyoruz. Birimiz bir koltukta diğerimiz öbür koltukta sızıp kalıyoruz. Çocuklar ise kendi halinde büyüyorlar.

LOGOS: Bana eşinden bahset biraz, onunla nasıl tanıştınız?

VAVEYLA: Onunla on beş yıl önce tanıştık ve anında âşık olduk. Eşim bizim bankanın hukuki işlerini yürüten avukatlardan biri. O dönem bankadaki bir davayı üstlenmişti. Araştırma yapmak, bilgi toplamak için sık sık gelmeye başlamıştı. İşte o zaman tanıştım kendisiyle. Daha görür görmez birbirimize âşık olmuştuk. Ben çok sık âşık olan biri değilim. O yüzden pek tanışık olmadığım bu duygu kısa sürede bedenimi esir aldı. Artık güne daha farklı uyanıyordum. Bankaya gitmek için sabırsızlanıyordum. İçim içime sığmıyordu. Her şey gözüme farklı görünmeye başlamıştı. Sürekli onu düşünmekten zihnimin içinde başka şeye yer kalmamıştı. İçimde hiçbir şey eskisi gibi olmamaya, o hariç her şey giderek değerini kaybetmeye başladı. Ne zaman bana baksa gözlerimi bir sis bulutu kaplar tüm zihnim adeta boşalır, kulaklarım uğuldardı. Onun bir gülümsemesi eksik olan tüm yanlarımı kapatıp, tüm ihtiyaçlarımı karşılayıverirdi sanki. Ah bir bilsen küçük bir gülümsemeden bir bakıştan daha ne anlamlar çıkartırdım. O gün görmediysem kalemine, eşyalarına dokunarak onun sıcaklığını hissetmeye çalışırdım. Ben o gün göremediysem gören arkadaşım olduysa her an ondan kokusunu alacakmışım, bakışında onun izlerini yakalayacakmışım gibi hiç peşini bırakmazdım. Aptal bir âşıktım işte! Kendimi her şeyimle onun kucağına fırlatıp atmıştım. Ruhum büyük bir aşk ihtiyacı içerisindeydi ve onun gözlerinin onayını almak en büyük tutkumdu. İkimiz bir elmanın yarısı olmuştuk!

LOGOS: Ooo bayağı kaptırmışız kendimizi desene.

VAVEYLA: Evet ama ilişkimiz şimdi bu noktaya geldi, bir türlü çözemiyorum anlam veremiyorum yaşadıklarımıza. Ancak bu süreçte şunu anladım ki en zor şey insanın kendi kendini teselli edebilmesiymiş. Bir insanın moralinin bozuk olmasından daha zor bir durum varsa o da çevrendeki hiç kimsenin sana iyi gelmeyeceğini bilmekmiş. Ben her zaman kendimden çok karşımdakine değer verdim ve mutsuz oldum. Konuşup anlatamayacak kadar derin acılar yaşadım. Tüm bu yoğun duyguları kendi kendime yaşarken onun hiçbir şeyden haberi yoktu. Nasıl oldu da deliler gibi birbirimize âşıkken birbirimizden bu denli uzaklaştık adeta iki yabancı olduk? Sanki birisi bize büyü yaptı. Birbirimize karşı bütün erdemimizi kaybedip gittikçe küçülüyoruz.

LOGOS: Peki eşin şimdi sana nasıl davranıyor? Biraz daha açabilir misin? O duygularını yeterince ifade etmiyor sanırım sana.

VAVEYLA: Belki de sorun buradadır. Ben büyük bir heyecanla yaşadığım olayları anlatıyordum ama ona anlattıklarım zamanla saçma ve gereksiz gelmeye, beni dinlememeye başladı. O evlendikten kısa bir süre sonra duygularını, sevincini, sevgisini hep sakladı. Oysaki ben de her kadında olduğu gibi duyguları daha yoğun yaşamak istiyorum. Sevildiğimin hissettirilmesini, değer verildiğimin belli edilmesini, özlendiğimi duymak istiyorum. Bütün bunların bana hissettirilmemesi benim de zamanla kabuğuma çekilmeme neden oldu. Birbirimize akamadık. Birbirimize akıp birbirimizin duygu depolarını dolduramadık. Sanki zamanla tüm yaptıklarımız yapmış olmak için yapılmaya başlanmıştı. Yaptıklarımızın içerisine ruhumuzu koyamıyorduk. Belki biz birbirimize hiç âşık olmadık. Âşık olsaydık ruhumuz kendiliğinden akacaktı. Peki âşık olmadıysak o ilk başlangıçta bizi baştan çıkartan neydi?

Biz gerçeketen âşık olsaydık yaratıcı güç olan Allah'ın bağları olarak sevgimizle birbirimize kendiliğinden akacaktık. Evet hepimiz birer ruh bağıyız. Belki aşkın farkı burada. Bu ruh bağlarının birbirlerine akıp birbirlerinde eriyebilmelerinde. Sanırım biz bunu yaşayamadık. Birbirimizde eriyemedik...

LOGOS: Duyguların harekete geçmediği bir ilişkide aşktan bahsedemeyiz. Siz zamanla duygularınızı harekete geçiremediniz.

Bu davranışlarının sebebi yine anı defterinde kayıtlı olan bilgilerden kaynaklanıyor. Sen ergenlik dönemlerinde kendi duygularını anlamlandırmaya başladığında içinde kocaman bir boşluk vardı. Kendini yalnız hissedip, ortalıkta boşlukta geziniyordun. Ebeveynlerin tarafından izlendiğini, tutarlılıklarının tartıldığını, samimiyetinin ölçüldüğünü, davranışlarının kıyaslandığını, duygularının kontrol edildiğini hissediyordun. İçindeki bu hisler; seni iletişiminin kalitesini ve sürecini sürekli kontrol etmeye yöneltti.

Söylemek istediklerimi anlıyor musun? Ebeveynlerin tarafından sende yaratılan kontrol ve izlenme duygusu hâlâ devam ediyor. Her şeyin artık yolunda olduğuna inanmalı ve rahatlamalısın. Kendini duygusal anlamda serbest bırakmalısın. Bunun için kendine izin verebilir misin?

VAVEYLA: O kadar haklısın ki hatta bununla da yetinmedim. Hem kendimi hem de hayatıma giren herkesi kontrol etmeye çalıştım.

İlişkilerimdeki isteklerim en çok çocukluktan kalma onay ve güvence üzerine yoğunlaşıyor. Sanırım artık bunları serbest bırakmam gerekiyor. Bana verdiğin daha mutlu ve kolay bir yaşama yönelik, bu hayatımı dönüştürecek olan bilgiler için sana minnettarım.

LOGOS: Her zaman seninleyim. Yeter ki benimle iletişim kurmak için kendine izin ver. Aşka bundan sonra daha fazla zaman ayırman, beslemen, ilgilenmen ve emek vermen gerekir. Mutlu evlilikler problemi olmayan değil, problemi çözümleyebilen evliliklerdir. Aranızda geçen bir problemi yok saymaya veya unutmaya çalışmak anlamsızdır. Unutmak istedikçe zihniniz bunu kendine bir müdahale olarak görecek ve direnç gösterecektir. Bu da daha çok aklınıza gelip hatırlamanıza sebep olacaktır. Mutlaka konuşmalısınız. Konuşmak tüm insanlar için bir ihtiyaçtır. Zihin konuştukça boşalır ve rahatlar. Konuşmazsanız zihniniz rahatlamayacağı için duygusal patlamalar da yaşayacaksınız. Kendi kendine konuşman zihnini boşaltmaz. Paylaşarak karşılıklı konuşmak önemlidir. Paylaşırsan ancak zihnin boşalır, ruhun huzur ve güven duygusuyla dolup eşine bağlanırsın, bağlanabilirsin. Geçmişte aranızda yaşanan ancak çözümleyemediğiniz bir sorunu "Hâlâ orada mısın, unutmadın mı?" gibi cevaplarla kapatmaya çalışmayın. Evliliğinizde mutsuz olmanızın en büyük sebeplerinden biri de yaşadığınız bir problemi çözmeye çalışmamanızdan kaynaklanıyor. Karşılaştığınız sorunları yok saymayı marifet sandınız. Oysaki mutlu evlilikler problemi olmayan değil problemi çözümleyebilen evliliklerdir. Çocuklara karşı hırçın ve sinirli olmanın sebebi eşinle konuşamamandır. Eşin de anlaşıldığını hissetmediği için seninle olan iletişimini zamanla kopardı. Kadın olarak sen ilgi ve sevilmeyi daha çok arzularken eşin ise bir erkek olarak ilişkide anlaşılmayı daha fazla arzular. İlişkinizin kalitesini iletişim belirler. Nitelikli bir ilişki için karşılıklı sadece anlatmanız yetmez, birbirinizin gözlerine bakarak tüm bedeninizle duyguları anlamaya çalışmalısınız. Konuştuklarınız birbirinizde karşılık bulamıyor. Kelimeleriniz birbirinize dokunmuyor, temas etmiyor. Hayatta herkesin yankı bulma ihtiyacı vardır. Konuştukça ve duygularınızın birbirinizde yankılandığını gördükçe kendinizi değerli hissedeceksiniz. İçindeki değersizlik duygusunun yaşamında bir yankı bulamamandan kaynaklandığını anlayabiliyorsun değil mi?

Bunları yapabilmen için şimdinin gücünden faydalanman gerekiyor. Eşini anlayabilmen ve hissedebilmen için konuştuklarına çok iyi odaklanmalısın. Bunu yapamadığında, zihnin yine geçmiş veya geleceğe gitmeye başladığında burnundan derin bir nefes al ve nefesinin tüm dikkatini enerjini toplayıp seni şimdiye getirdiğini, zihnini, bedenini ve ruhunu birleştirdiğini düşün. Aşk bakmaz öyle ileriye geriye. Aşk için her şey o an olduğu yerdedir. Şimdidedir. Şimdide yaşamayı öğrendiğinde aşkı da yaşamına davet edeceksin!

VAVEYLA: Duyguların dansı ancak şimdide izlenebilir! Sevebilmek, kendini sevebilmek ve sevdirebilmek!

LOGOS: Aydınlık da sensin karanlık da, cesaret de korku da, sevgi de nefret de, kin de öfke de! Hangi yanını istiyorsan o yanın sana daha çok hizmet eder.

VAVEYLA: Ben hep içimdeki duyguları iyi ve kötü diye ikiye ayırdım. Bu kötü diye anlamlandırdığım duygulardan da hep kaçtım. Hep kaçtığım için de şimdi böylesi büyük bir kaosa sürüklendim. Sanırım aşkta da aynısını yaptım.

LOGOS: Üzülmekten sürekli kaçman, öfkeni sürekli bastırman korkunu yok sayman gibi yalnız kalmaktan, terk edilmekten de hep korktun. Terk edilmekten korktuğun için ilişkilerinde duygularını serbest bırakamadın. Karşındakini hissedebilmen için kendine izin vermedin. Karşındaki kişinin de seni hissetmesine izin vermedin. Oysaki bir ilişkide hissettiğin kadar hissettirirsin.

VAVEYLA: Ben kendime yabancılaştım benim en büyük sorunum bu zaten. Ben kim olduğuma, nereye gittiğime, neye inandığıma kadar tüm değerlerimi unuttum. İlişkide nasıl davrandığımı, nerede durmam gerektiğini, nerede adım atmam gerektiğini bilemiyorum.

LOGOS: Kaybetmeye yaklaştığında içini hüzün kaplıyor. İnsan ilişkileri aydınlanmanın çocuğudur. İlişkilerinde içindeki çocuğun gözlerine iyice bakmalısın. Yoğun bir şekilde bağlanamama sorunu yaşadığını göreceksin. Bu yüzden de terk edilmekten korktuğun için sen terk edilmeden terk edip bazı ilişkilerini bitirdin. Yalnız ve değersizlik duygularından dolayı ilişkilerini sürdürmekte çok zorlanıyorsun. Bu çok önemli. Yine hep başından beri konuştuğumuz aynı yere geldik. Her şey kendinle olan ilişkinde ve iletişiminde başlıyor veya bitiyor. Kendinle samimi olmadan kimseyle samimi olup duygularını serbest bırakamazsın.

Sen ciddi bir bağlanma sorunu yaşıyorsun. Annenle, ailenle veya senin bakımını üstlenen kişilerle güvenli bağlanmayı gerçekleştiremediğin için ilişkilerinde sorunlar yaşıyorsun.

VAVEYLA: Nasıl yani?

LOGOS: Çocuğunla, arkadaşınla veya eşinle hiç fark etmez. Bu yaşamındaki diğer kişiler için de geçerlidir. İlişkide ne kadar mesafeli hareket edersen o kadar nitelikli ilişki yaşarsın. Birbirinizi sıkmadan, boğmadan, özgürce yaşamayı öğrenmelisin. Ama sen ne yapıyorsun: Sürekli seni düşünmesini, İstediklerini sen söylemeden onun hemencecik anlamasını ve yapmasını bekliyorsun. Tüm boş zamanını seninle geçirmesini istiyorsun. Duygularını daha sen anlatmadan hemencecik kendiliğinden anlamasını istiyorsun. Sen neyi seviyorsan onun da sevmesini, sen neyi sevmiyorsan onun da sevmemesini, sen nasılsan onun da öyle olmasını, adeta senin için yaşamasını bekliyorsun. Bu arada hep mutlu olmayı, hiç üzülmemeyi, sıkıntı yaşamamayı istiyorsun. Bu ve buna benzer düşüncelerle aşk yaşayamadın. Aksine zamanla daha yalnız ve umutsuz bir kadına dönüştün. Kendini giderek daha da tutsak hale getirdin. Bir elmanın iki yarısı olamazsınız Vaveyla. İkiniz ayrı birer elma olarak aynı dalda durmaya çalışmalısınız. Biriniz kızarmak isterken diğeri hâlâ yeşil kalmak istediğinde bunu kabul edebilmelisiniz. Biriniz üst dallara ulaşmak isterken diğerinin biraz alt dallara sarkmasına izi verebilmelisiniz anlatabiliyor muyum?

VAVEYLA: Haklısın kesinlikle çok haklısın. Söylediklerin karşısında kendimi savunacak tek bir kelime bile bulamadım. Peki şimdi ne yapmalıyım?

LOGOS: Sana iyi gelecek, seni hafifletecek, özgürleştirecek bir ilişki yaşamalısın. İzin ver eşin sevdiği şeyleri yapsın. Kendine de izin ver sevdiğin şeyleri yapabilmen için. Beslen ve beslensin ki birbirinizi besleyebilesiniz.

Sen kendini düşün ve hisset, o da kendisini düşünsün ve hissetsin ki birbirinizi sıkmadan boğmadan özgürce istediğiniz zaman birbirinizi düşleyebilip hissedebilin.

Neye ihtiyacın olduğunun bilincinde ol, o da kendi ihtiyaçlarının bilincinde olsun ki birbirinizin ihtiyaçlarına da yer açabilesiniz.

Sen mutlu ol, o da mutlu olsun ki, birbirinizi mutlu edebilesiniz. Sen yaşamdan keyif al ki onun da almasına izin verebilesin. Sen kendine zaman ayır ki onun da kendisine zaman ayırmasına izin verebilesin.

Mümkün olduğunca tam ol ki o da tam olsun ve birbirinizi tamamlayabilesiniz.

Birbirinizden farklı şeyler hissetmekten, düşünmekten korkma. Farklı duygular, düşünceler deneyimleyin ki birbirinizin duygularına eşlik edebilin.

Hem kendine hem eşine izin ver ki ilişkide birbirinize iyi gelin. Birbirinizi hafifletip büyütün. Bir sosun yemeğin lezzetini artırdığı gibi birbirinizin yaşamdan aldığınız tadı artırmaya çalışın.

Vaveyla şimdi beni çok iyi dinlemeni istiyorum. Eşinle birlikte olduğun anlarda tek başına olduğun anlara göre kendini daha kötü hissediyorsan ilişkide ciddi sorun var demektir. Yani onunla birlikteyken kendi kendinle baş başa olduğun anlardan daha iyi hissetmelisin. Seni ileriye taşıyacağına güvenmelisin.

VAVEYLA: Son zamanlarda sürekli kendimi kötü hissettiğim için bunu şimdi ayırt edemiyorum.

LOGOS: İlişkini düzeltmek isteyip istemediğine öncelikle çok iyi karar vermelisin. İlişkini yürütmeye, onunla samimi olmaya ve onu anlamaya niyet etmelisin. Bu söylediklerimi kalıplara oturtmadan yaşamaya çalışmalısın. Yaşamın içerisinde doğal süreçte...

Özlediğinde ara, seni anlaması ve daha anlaşılır olmak için bazı şeyleri açıkla, kafana takılan bir şey olursa sor, bir şeyi beğenmediysen açık ol, hoşlandıysan bunu belli et, seviyorsan söyle! İhtiyaçlarını en doğru en kestirme yoldan karşıladığında mutlu olacaksın. "Dur bekle..." "Hemen yumuşama..." "Kendini ağırdan sat..." "Konuşma, kendisi çözsün, anlasın..." gibi cümleler sana yaşadığın toplum tarafından empoze edildi adeta zihnine kazındı. Artık onları bir kenara bırak ve içinden gelen insan ol! Samimi ol Vaveyla!

VAVEYLA: İlişkimi tabii ki düzeltmek istiyorum. Sadece bu yaştan sonra kendimi değiştirmek, bu söylediklerini uygulayabilmek gerçekten bazen hayal gibi geliyor. Korkuyorum, aynı tünele yine girmekten korkuyorum. Birazdan uykudan uyanacağım ve bu bana çok iyi gelen rüyadan çıkacağım gibi geliyor.

LOGOS: Mevsimlerin geçeceğine, tomurcukların çiçek açacağına inanıp güvenmelisin. Aynı yerde sürekli kalmayacağına, büyüyüp gelişeceğine, değişeceğine inanmalısın. Buna ne olursa olsun inanmalısın anlıyor musun beni? Hayatındaki insanın duygularına girmesine izin vermelisin. Birlikte yeni temaslar yeni duygular gerçekleştirmelisiniz. Bu tünelden bir çıkışın mutlaka olacağını kendine hatırlatmalısın. Çiçek açacağına ve yeniden meyve vereceğine tüm yüreğinle inanmalısın. Sana yukarıda anlattığım gibi aynanın karşısında gözlerinin içine bak. Ayna nöronlarını harekete geçir. Eşimle olan ilişkimi nasıl daha daha iyi hale getirebilirim şeklinde evrene akıllı sorular sor. İkinizin gözleri arasında fıstık yeşili renginde sonsuzluk işaretinin aktığını imgele. Birbirinizin gözlerinde eriyip kaybolduğunuzu hissetmeye çalış... Sende sen varken o girecek yer bulamaz. Onda da o varken sen girecek yer bulamazsın. Senden sen çık ki o girebilsin. Ondan da o çıksın ki sen girebilesin. Senin için en önemli olan şeyleri ona ver. Senin için önemli olanları ne kadar verirsen o kadar çok sana geri döner. Anlıyor musun?

VAVEYLA: Neyse bilemiyorum, yaşayıp birlikte göreceğiz. Bazen her şeyden kaçıp gitmek istiyorum. Ya da bütün gücümü işe mi versem para mı kazansam? Acaba çok param olsaydı bu süreçleri yine de yaşar mıydım diye düşünüyorum. Ne kadar çelişkili şeyler düşünüyorum değil mi? Bir dediğim diğerini tutmuyor!

LOGOS: Dur biraz kendini dinle. İhtiyaçlarının bilincinde olmazsan sürekli seni yoran deneyimler arasında gidip gelirsin. Sevgi ihtiyacının farkına varmadan bu ihtiyacını başarıda veya parada arayabilirsin. Sürekli başarılı olmaya veya para kazanmaya çalışabilirsin. Böyle bir durumda asıl ihtiyacın olan sevgiden daha da uzaklaştığın için ne para ne de başarı seni mutlu eder. Aksine daha da yalnızlaşmanın ötesinde kendine yabancılaşmana sebep olur. Sadece birazcık soluklan ve kendinden kaçtığının farkına var. Para, unvan ya da hiçbir makam senin kendinle olan iletişimini düzeltmez. Bunu ancak içine dönerek, içseslerini ve zihnini yöneterek yapabilirsin. Huzur senin yüreğinde saklıdır. Hatırla gittiğin yere yüreğinle gidiyorsun. Üstelik tam da neye ihtiyacın olduğunu keşfedip kendini tanımaya başlamışken. Ne dedin hayatımda aşk istiyorum aşk eksik dedin. Öyle değil mi? Bu ihtiyacını para ya da kariyer ya da kaçarak başka yerlerde gideremezsin. Bunun için önce kendine âşık olmalısın. Kendinle samimi ol Vaveyla! Samimiyeti yakalamadan aradığın her şeyi kendinden daha da uzaklaştırırsın. Kendinle samimi olman demek tüm yönlerini her şeyini kabul etmen ve bunlar bana ait demektir. Karanlık yönlerine ışık tutarak sahip çıkman demektir. Samimi olduğun anda tüm hücrelerin bu dünyaya ait olduğunu haykırır. Anı defterin sana oyun oynayamaz çünkü onu sobelemişsindir. Sana karşı kullanacağı kozu kalmaz, oyunu biter ve senin yaşamla dansın başlar! Mutluluğun kestirme yolu samimiyettir. Mutluluğu yakalamaya çalıştıkça mutluluk senden kaçar ve uzaklaşır. Samimiyeti yakalamaya çalıştıkça bir anda mutluluk da etrafını tüm hızıyla sarıverir. Zihnin sana oyun oynuyor Vaveyla! Mutlu olmaya sürükleyerek sana tuzak kuruyor. Bunun için de aşkı kullanıyor. Ah insanoğlu bazen ne kadar da kör oluyor. Hayatın anlamını sadece ilişkilerde arıyor. Yaradan'ın aşkı oysaki her yerde ve gördüğü her şeyde gizli! Yaşama bütün olarak bak ve bütün olarak kucakla Vaveyla! Hayata duvarın arkasındaki küçük bir delikten bakmayı bırak. Objektifini büyült büyült biraz hadi korkma! Görmediklerinin gördüklerinden daha çok olduğunun farkına var!

VAVEYLA: Evet haklısın.

LOGOS: Şimdi şu soruyu çok iyi düşünmeni istiyorum: Hayatımda olanlar şimdi yok olsalar, yaşamım nasıl olurdu?

VAVEYLA: Oooo yine zor bir soru!

LOGOS: Gün ışık gün aydınlık! Bekle acele etme. Geçip gitme öylece yoluna çıkan güzellikleri görmezden gelerek Vaveyla. Derin, sakin bir nefes al ve hadi birazcık yavaşla. Gör gördüklerini, hisset hissettiklerini ve duy duydukların. Yakala yaşamın sana sunduğu tüm renkleri. Birazcık kal, bekle ve izle yakaladığın güzellikleri. Şükret sahip olduğun her şey için Vaveyla. Yaşam sana sunulan bir armağan. Kirletme masumiyetini, kaybetme iyi niyetini. Sana nasıl davranılmasını istiyorsan öyle davran, yolda karşılaştıklarına. Sonra devam et yoluna tüm iyi niyetinle.

Şems ne güzel demiş bak: "Senin gönlün değişirse dünya değişir." Birazcık inansan birazcık dediklerimi uygulasan!

VAVEYLA: Bunu ben istemiyorum mu sanıyorsun? Bunu senden çok ben istiyorum. Ancak gel gör ki zaman zaman zorlanıyorum. Tam evet iyiyim artık zihnimin oyunlarından kurtuldum dediğim anda yeniden başa dönüyorum. Korkuyorum kendimden korkuyorum!

LOGOS: Kendinden korkman iyidir Vaveyla! Kendinden korktuğunu yüksek sesle kendine söyle hadi! Kendinden korkman bilgeliğinin göstergesidir. İçindeki yetersizlik duygusunun arkasına saklanıp kendisini kahraman ilan eden kişiler kendinden korkmazlar Vaveyla! Oysaki içindeki kahramanı öldürmelisin. Bu seni yaşama karşı diri tutar canlı tutar. Ruhun çiçeklerle döşenir, adeta bir sevgi patlaması yaşarsın. İçindeki kahraman çünkü mükemmel olmaya çalışıyor. Hayatta kimse mükemmel değildir. Yetersizliklerinle yaşamayı öğrenmen gerekiyor. Bunu izin verirsen, kabul edersen, kısaca hayat verirsen ancak yeşerebilir ve sen bunu yeteneğe dönüştürebilirsin. Hiçbir şeyi katlederek, yok sayarak, bağırıp çağırarak aşamazsın sindiremezsin. Dinle Vaveyla çok iyi dinle. Yaşadıkların sana olaylardan değil senden geliyor. Dışında olan her şey önceden olmuştu. Yaşadığın olaylar senin dışında hiçbir şeyi göstermiyor yalnız seni gösteriyor. Olayların anlamını sen yaratıyorsun. Kendi içinde olayların anlamını arıyorsun çünkü yolunu görmek ve yaşamının akmasını istiyorsun. Yaşadığın olayların anlamını sen yarattın ve bunlar senin kurtuluş yolundur. Olasılıklar dünyasından seçersin ve anlam yaratırsın. Yani kendi içinde görmeseydin gelecek olanı da görmezdin. Şu anda dünyada savaşlar oluyor, cinayetler işleniyor, insanlar ölüyor. Hepinizin bu olaylarla anı defterinizden dolayı payı var. İnsanlar ne zaman birbirini öldürmeye başlar biliyor musun Vaveyla? Kardeşlerinin yani diğer insanların kendileri olduklarını bilmediklerinde yaparlar. Aslında öldürdüğünüz kendinizsiniz. Kendi içinizdeki yiğidi, soyluyu, kahramanı öldürüyorsunuz ama bunun farkında değilsiniz. Öldürmeniz gereken kendi içinizdeki kahramanınız. Süreç henüz olgunlaşmadı, kendiniz yerine karşınızdakini öldürmeye devam ettiğiniz sürece zaman olgunlaşmayacak. Ancak içinizdeki kahramanı katlederseniz ruhunuzun derinliklerinden güneş doğacak. Çünkü Yaradan'ın ışığına ulaşıp O'nun gücünü içinizde hissedeceksiniz! İnsanlara saldıracağınıza, kavga edeceğinize, birbirinizi yok etmeye çalışacağınıza kendinizle uğraşın ve size sıkıntı çektirenin diğerleri değil kendi zihniniz olduğunu bilin. İçinizdeki mükemmeliyetçi, hata kabul etmeyen kusursuz kahramanları öldürdüğünüzde özgürlüğe ve huzura ulaşabileceksiniz. Bu yüzden en büyük düşmanınız zihninizin yarattığı kendi kahramanınız. Siz içinizdeki kahramanı öldürdüğünüzde diğerlerini taklit etmeyi de bırakacak, kendiniz olacaksınız. İçinizdeki tek takipçiniz vicdanınız olduğunda güneşi kucaklayacaksınız! Burada güneş dediğim biliciniz Vaveyla! Yepyeni bir bilinciniz doğacak ve siz onu kucaklayacaksınız. Sadece sen değil Vaveyla birçok insan kendini kaybetti. Bencilce isteklerinizin peşinde koşuyorsunuz. Oysaki içinizdeki bencil istek en sonunda kendinizi istiyor. Kendinizden kaçmayıp kendinizi kucakladığınızda dünyan zihninde boşalıverir ve yerini vicdanınız ve sevgi dolduruverir. Bu süreçle ilgili sana çok önemli bir bilgi vereceğim iyi çok iyi dinle şimdi Vaveyla! Savaş veya toplumsal kaos süreçlerinde kendi anı defterinizle daha büyük olan toplumsal anı defterinizi birbirinden ayırt etmekte zorlanırsınız. Büyük anı defterinizin etkinleştiği iki durum söz konusudur ve burada çok uyanık olmalısınız. Birincisi kendi yaşamınızdaki bir kriz yoluyla umut ve beklentilerin çökmesiyle etkinleşiyor. İkincisinde ise büyük sosyal politik yani toplumsal kaos dönemlerinde etkinleşmesi söz konusudur. Birinci durumda büyük anı defteri gerçekliğin yerine geçebilirdi ve işte bu gerçekten psikolojik olarak ciddi sıkıntılar yaratabilirdi. İkinci durumda ise birey yönünü kaybettiğini hissedebilirdi ama bu durum normaldi yani patolojik değildi. İşte bunu çok iyi ayırt etmelisiniz!

VAVEYLA: Söylediklerin hava gibi yumuşacık geldi. Adeta üzerime incecik bir duman seriliverdi.

LOGOS: Vaveyla içinde iki tane yılan olduğunu düşün. Bunlardan birisi beyaz, sevgiyi, duygularını, hislerini ve hazzını temsil ediyor. Diğeri de siyah bir yılan ve mantığı, analitik zekâyı, düşünceyi temsil ediyor. Hayat yolu yılan gibi sağdan sola, soldan sağa, düşünmeden, hazza, hazdan düşünmeye kıvrılır. Yılanı bir köprü gibi düşün ve ona ihtiyacın var. O aynı zamanda ruhundaki dengeyi çok iyi sağlıyor.

VAVEYLA: Kendimle samimi olmamın önemini şimdi çok iyi anladım. Bundan böyle rotam samimiyet pusulam ise vicdanım! Duygularım, düşüncelerim ve hislerim ise her zaman yanımda olan yardımcılarım.

LOGOS: İnsanların ölmeden önce en çok pişman oldukları şeylerden birinin de duygularını rahatça açıklayamamak olduğunu biliyor musun?

VAVEYLA: Yo hayır bunu şimdi ilk kez senden duydum.

LOGOS: Belki buradan başlayabilirsin ne dersin? Önce aynada kendine ifade et duygularını, sonra da eşine ve diğerlerine.

VAVEYLA: Duyguların hayatımda bu kadar önemli olduğunun seninle tanışmadan önce hiç farkında değildim.

LOGOS: Duyguların senin ihtiyacın olanın işaretidir anlıyor musun? Duyguların senin içdünyanın aynasıdır. Duygularını tanıdıkça onları dönüştürdükçe güçlenecek, yaşamda başına ne gelirse gelsin baş edebileceksin.

Sen ve diğerlerinin en büyük sorunlarından biri işte burada yatıyor. Bazen duygularınızı yok sayıyor görmezden geliyorsunuz, bazen de onlara o kadar sahiplenip yapış yapış oluyorsunuz ki hiç kopamıyorsunuz.

VAVEYLA: Doğru çok doğru.

LOGOS: Sana bu söylediklerimi yaşamına oturtmadan nitelikli bir ilişkiyi aşkı deneyimleyemezsin. Şimdi anlatacaklarım çok önemli. Bunları çok ciddiye almanı istiyorum. Ben aşk deyince Proust'un aşk kavramı hemen aklıma geliyor. Proust'un üzerinden sana aşkı anlatmaya çalışacağım.

VAVEYLA: Ne demiş Proust merak ettim. Bu arada Proust'un kim olduğunu da hiç bilmiyorum. Daha önceden duymadım. Şimdi ilk kez senden duyuyorum.

LOGOS: Aşkın en güzel ve doğru tanımını Marcel Proust'un yaptığını düşünüyorum. Proust diyor ki: "Sevdiğimiz zaman aşk o kadar büyüktür ki bir bütün olarak içimize sığmaz; sevdiğimiz insana doğru yayılır, onda kendisini durduran, başlangıç noktasına geri dönmeye zorlayan bir yüzey bulur; işte karşımızdakinin hisleri dediğimiz şey, kendi sevgimizin çarpıp geri dönüşüdür; bizi gidişten daha fazla etkilemesinin, büyülemesinin sebebiyse kendimizden çıktığını fark etmeyişimizdir." Bu tanımdan yola çıkarsak, bizden çıkan, karşımızdakine giden ve ondan bize yansıyan duygular her insanın kişiliği ile belirlidir. Dolayısıyla neyin aşk olduğu, kime âşık olunacağı, nasıl yaşanacağı adamına, kadınına göre değişir ve kısacası aşktan bahseden herkes kendi deneyimini ve algısını aşk olarak bilir.

Neden bu denli öncelikli olarak kendini iyileştirmen gerektiğini sanırım şimdi daha iyi anlamışsındır. Öyle değil mi?

VAVEYLA: Evet, eğer aşk dediğimiz süreç gerçekten böyleyse bu şekildeyse ancak kendimi iyileştirip yaralarımı sarabilirsem doyumlu bir ilişkiyi deneyimleyebilirim.

LOGOS: Uyan Vaveyla, hadi uyan! Kendinden uzaklaşıp kendine yabancılaştığın için yeni aşklar arıyorsun. Aradığın sensin Vaveyla! Bilinçaltını temsil eden anı defterinde erkek imajıyla güçlü baba faktörünü arıyorsun, eşin ise içindeki kadın imajı ile sevgi ve şefkati arıyor! Çalışma hayatı ve içinde bulunduğumuz sistemden dolayı kendinizden uzaklaştığınızın işaretleri bunlar! Gerçek aşk bilinçaltındaki erkek ya da kadın imajınızda değil. Gerçek aşk birbirinizin hayalindeki mükemmel ebeveyn rolü de değildir! Bunu aramaktan vazgeç Vaveyla! Gerçek aşka karşındakini olduğu gibi sevip kabul ettiğin zaman demir atacaksın! Yanında kendini eksik hissetmediğin, kontrol etmediğin, ruhunu açıp rahatlıkla samimi bir şekilde güvenle bırakabildiğinde yakalayabileceksin. Bunun için önce kendi içinde bütünleşmelisin! Dikkat et Vaveyla dikkat et, bilinçaltındaki erkek imajı sende nasılsa bunu arıyorsun!

VAVEYLA: Anlattıkların karşısında hiçbir şey diyemiyorum. Şaşkınım gerçekten çok şaşkınım. İlginç çok ilginç! Aynı zamanda müthiş büyüleyici!

LOGOS: Öncelikle yaşamda var olduğun için kendi ruhuna "İyi ki varım" demelisin. İyi ki varım demek şükretmektir, Yaradan'a teşekkür etmektir. Artık kendine her türlü renklerini sunabildiğinin göstergesidir. Seninle her şeyin daha güzel olacağına inanmaktır. Sen varsan hiçbir şeyin sıradan olmayacağına inanmandır. Kendine ve yaşama artık güvenle bağlanabilmendir. Artık ruhunun derinliklerine ulaştın ve iyileştin demektir. Yaşamda belirsizliklere cesaretle yürümeye, risk almaya, yaşamı paylaşmaya hazır olduğunun göstergesidir. Kendi varlığına şükredip iyi ki varım diyebilmek, kendimi olduğum gibi kabul ediyorum ve seviyorum diye haykırmaktır! Kendine söyleyebileceğin en anlamlı sözdür iyi ki varım! Sonra da sevdiklerine var oldukları için şükredip iyi ki varsınız diyebilmek! İşte aşkta ve tüm yaşamda mutluluğun en önemli sırlarından biri budur Vaveyla. Rahat olmanı istiyorum. Rahat ol, gevşe ve yaşama huzurla bırak kendini. Sıkıştırma, zorlama, uyanık ol ve kendini akışa bırak!

Sen düşüncelerinden kaçıp onları yok saymaya çalıştıkça zihnin, duygularından kaçtıkça da bedenin sana düşman olacaktır. Önce burada dur. Tekrar söylüyorum. Kaçma, bedeninin, zihninin, ruhunun sana sunduğu hiçbir şeyden kaçma. Ruhunun, bedeninin ve zihninin sana sundukları gerçekten çok değerli şeyler. Bunların kıymetini iyi bil. Tüm bunlara karşı farkındalık geliştirip merak etmelisin. Merak etmelisin ki yol alabilesin. İşte ancak o zaman yolunda karşına çıkan tüm siyah beyaz yönlerini oldukları gibi zorlamadan kabul edebilirsin. İçinde, ruhunda, bedeninde, zihninde neler olduğunu merak et ki yol alabilesin. Yoksa bırak ilerlemeyi geçmişe bir yere takılıp ya da geleceğin kaygılarında dolaşıp şimdiyi deneyimleyemezsin. Hatırla aşkı ancak şimdide deneyimleyebilirsin. Aşk o denli güçlüdür ki seni çekiverir bir anda geçmişin pişmanlıklarından ve geleceğin endişelerinden.

VAVEYLA: Senin bu anlattıkların, bana okuduğum bir hikâyeyi hatırlattı. Hikâyede şöyle diyordu: Eğer bilmediğin daha önceden hiç gitmediğin uzun bir yolculuğa çıkmaya karar verdiysen bir sürü zorluklarla karşılaşacağını kabul etmelisin. Karda ayağının kayacağını, yolunu kaybedeceğini, yolda bir sürü zorluklarla karşılaşacağını bilmelisin. Arada dengeni kaybedip düşebileceğini ama yorulduğunda bir kenarda dinlenip biraz soluklanıp yoluna devam edeceğini de bilmelisin. Kendine bir solukta varman gereken yere varamayacağını hatırlatmalısın. Yorulduğunda yeniden ihtiyacın olan enerjiyi toplayabileceğini, yolunu kaybedersen tekrar bulabileceğini defalarca hatırlatmalısın. Varacağın yer çok uzak bile olsa giderken yolda olmanın tadını çıkarmayı ve haz almayı unutma! Bu yol senin yolun. Yoluna çıkanları gör, duy ve hisset. Yoluna çıkan güzellikleri asla kaçırma.

Bunu yaparken de kendine arada uzaktan dışarıdan başkalarının gözüyle bakar gibi bakabilmelisin diyordu okuduğum yazıda. Çok güzel değil mi? Ben çok beğendim!

LOGOS: Harikasın evet aynen bunu söylemeye çalışıyorum. Bu söylediklerini içselleştirmen sık sık kendine hatırlatman ve bir yaşam felsefesi haline getirmen gerekiyor. İşte o zaman sadece aşkta değil, sağlık, kariyer, başarı ve içsel huzurda, kısaca yaşamın her alanında keyifle kendini çekiştirmeden, yormadan, büyüyerek ilerleyebilirsin.

VAVEYLA: Galiba bu senin bana kendine bunu sık sık hatırlatmalısın dediğin şeyi ters yapıyorum. Yani kendime evet sık sık hatırlatmalar yapıyorum. Ama bu hatırlatmalar beni ilerletmiyor, büyütmüyor. Beni yaşama karşı daha da korkaklaştırıyor. Endişelerim ve kaygılarım artıyor. Çünkü kendimle çok sohbet ediyorum. Bu sohbetlerde hiç de dostça değil, tam tersine zalim bir düşman gibi aynı şeyleri defalarca söylüyorum. Hatta bazen o kadar zalim oluyorum ki sözlerimle kendimi yerden yere vuruyorum. Bu da benim kendime daha da zarar vermeme sebep oluyor.

LOGOS: Sadece sen değil birçok kişi günümüzde kendisi ile oldukça yorucu bir çatışma içerisinde. Bu da diğerleri ile de olan ilişkinize yansıyor ve kendinizi maalesef çıkmazın içinde hissediyorsunuz. İlişkiler hayatınızda diğer tüm potansiyellerinizi derinden etkiliyor. İlişki ister özel hayatınız ister sosyal hayatınızda olsun sizleri duygusal açıdan besleyen büyüten en önemli ihtiyacınızdır. Yolunda gitmeyen ilişkileriniz için mutlaka dönüp kendinize derinden ta en derinden bakabilmelisiniz.

VAVEYLA: Sağlıklı, dengede ve mutlu ilişkiler yaşayabilmemin öncelikle kişilik yapımla yakından ilgili olduğuna artık inanıyorum.

İlişkilerimde karşı tarafa sürekli bir şeyler vaat ettim, sürekli verici davranmaya çalıştım. Hep onun sorunlarını çözmeye, onu bir şeylerden kurtarmaya çalıştım. Bunları neden yaptığımı şimdi sanırım çok daha iyi anlıyorum. İlişkilerimin dengesini hep ben kaçırdım. Onu abartılı bir şekilde elimden kaçırmamak adına ne gerekiyorsa yaptım.

LOGOS: Bu şekilde abartılı ilgi göstermene rağmen hiçbir zaman onu memnun edemediğinin farkındasın değil mi?

VAVEYLA: Sadece onu mu? Kendimi hayatımdaki kimseyi de hiçbir zaman memnun edemedim ki!

LOGOS: Sana davranılmasını istediğin gibi hep diğerlerine davrandın. Kendi ihtiyaçlarını onlara vererek gidermeye çalıştın. Hayatını, yaptıklarını, başına gelen olayları ve ilişkilerini biraz dışarıdan izleyebilseydin anı defterinin gücünü ve yapmak istediklerini görebilirdin. Hiçbir şey için geç olmadığını tüm bunların amacını artık biliyorsun. İnsanlara karşı tek taraflı fedakârlık yapıp kendi ihtiyaçlarını görmezden geliyorsun. Sonra da sakin ve anlayışlı olman gereken yerlerde patlıyorsun. Duygularını zamanında istediğin gibi aktarıp boşaltamadığın için düdüklü tencere gibi sonra birden patlamaya başlıyorsun. Bunu çok nadir de yapsan, bu davranışın sonra sana ve çevrendekilere ciddi zararlar veriyor. Suçlayıcı cümleler kurup dırdıra başladığın her an adeta bir canavara dönüşüyorsun. Bundan kim hoşlanır ki? Bana bu durumdan hoşlanacak bir tek kişi söyler misin? Söyleyemezsin öyle değil mi?

VAVEYLA: Ama sorun nerede biliyor musun? Tüm bunları neden yaptığımı bilmeden bilinçsizce yapıyordum. Şimdi sen söyleyince fark ettim. Ben uzun süre sabredip idare ediyorum sonra da birdenbire patlama şeklinde öfke krizleri yaşıyorum. İşte o anlarda da içimdeki erkek yön hortluyor! Geçen akşam eşime o kadar kötü davrandım ki şimdi yaptığımdan ben bile utandım. Anlatayım bak şimdi aklıma gelmişken.

Eşim Cemil benim fikrimi sormadan mesai arkadaşı Hakan ve karısı Filiz'i cuma akşamı bize yemeğe davet etmiş. Biraz bozulsam da belli etmedim. İlkönce o gün için izin kullanıp hazırlık yapmayı düşündüm sonra iznimi zor anlar için saklamak istedim. Çünkü bazen Merve hastalanıyor Arda'nın ve Zehra'nın okulda toplantısı oluyor. Bu durumlarda izne daha çok ihtiyacım oluyor. Sürekli izin de alamıyorsun, utanıyor, çekiniyorsun. Zaten ben çok mecbur olmadığım sürece izin almam. Neyse tabii aynı gün hem çalışmak hem de misafir ağırlamak beni gerçekten çok yordu. Sinirlerim iyice bozuldu. Çaktırmadan durumu idare etmeye çalıştım. Buna rağmen Cemil sanki sadece kendisi çalışmış ve yorulmuş gibi davranarak biraz yardım edermiş gibi göründü. Misafirleri ağırlamam için kısa sürede yapmam gereken işlerin tümü benim üstüme kaldı. Eşim benim de tüm gün çalışmış olduğumu bilmesine rağmen yeterince yardımcı olmadı. Yeterince yardımda bulunmadığı gibi bir de "Hayatım yemeğin tuzu çok olmuş. Salatanın da ekşisi az olmuş" deyince başımdan aşağıya adeta kaynar sular döküldü. Bu bardağı taşıran son damla oldu. Zaten kendimi zor tutuyordum. Neler dedim bir bilsen! Sana anlatmaya bile utanırım. Bu öyle bir şey ki haksızlığa uğradığımı, ihmal edildiğimi düşündüğüm anda içimden adeta bir canavar çıkıp karşımdakini yok etmek istiyor. Kendimi tutamadım, sinirlerime hâkim olamadım. Daha sonra ise misafirlerin yanında niye çenemi tutmadım diye pişmanlık yaşamak da cabası. Bir de kim haklı diye çıkan koca bir tartışma. Yani tüm günüm zehir oldu. Sinirimden sabaha kadar uyuyamadım. Ah dilin kemiği yok ki, her zaman da kontrol edemiyorsun ki! İçin acıdan kor gibi yanarken susamıyorsun işte. İçim kapkarayken etrafa renk saçamıyorum anlıyor musun? Her zaman duygularımı saklamakta o kadar da usta değilim. Özellikle de en çok önemsediğim insan tarafından göz ardı edildiğim zamanlarda. İçim çığlık çığlığa bağırırken dışım sessizce sabredemiyor.

LOGOS: Bu durumda haklısın veya değilsin konumuz bu değil. Bunu uzun uzun konuşmayacağız seninle. Ancak şunu kafana çok iyi yerleştirmelisin. Sadece eşinle değil, kiminle olursa olsun ilişkilerinde haklı çıkmaya çalışırsan sadece çatışmayı daha da büyütürsün. Haklı çıkmaya çalışmaktan her seferinde açıklama yapmaktan vazgeçmelisin. Duygularını eşinin de sesini duyarak ve uyum sağlayarak ifade etmeyi öğrenmelisin.

VAVEYLA: Yine şaşırtıyorsun beni. Ne yani bırakayım, herkes istediği gibi benim üzerime mi gelsin? Zaten toplasan on yılda en fazla on kez bağırmışımdır. Bunu da mı yapmayayım? Ben hiç ses çıkarmayayım öyle mi?

LOGOS: Öyle demek istemiyorum. Haklı çıkmaktan vazgeç diyorum sadece. Sen haklı çıkmaya çalıştıkça karşındaki kim olursa olsun o da kendi benliğini korumak adına haklı çıkmaya çalışacak. Oysaki sen yerine ben dilini kullanarak duygularını ifade etmeye çalışsan sorun çatışmaya dönüşmeden çok daha kolay bir şekilde çözülecektir. Kendinle de bu şekilde bir iletişim dili geliştirmelisin. Sadece diğerleriyle değil. Duygularını sesinle, duruşunla, kelimelerin düzeniyle, nezaketle ifade etmelisin. Karşındakini kırıp dökerek değil.

Burada onu suçlamak yerine yemeğe bu şekilde tuzu çok olmuş demen beni üzüyor, kendimi kötü hissediyorum şeklinde kendi üzerinden giderek ve duygularını ifade ederek açıklama yapmaya çalışman sorunu çözebilirdi. Bu şekilde davranman eşinin veya karşındaki kişilerin sana karşı aynı davranışı tekrar yapmalarını engelleyebilir. Hiç kimse senin duygularını eleştiremez anlıyor musun? Davranışını ise evet eleştirebilir. Ama neden böyle hissediyorsun şeklinde kimse seni yargılayamaz. Duygularına kadar müdahale edip duygularını eleştiren bir kişi yaşamında mevcutsa bu kişiyi hayatından çıkartman gerekir. Bu kişi senin benliğini tamamen yok sayıyor demektir. Gerektiğinde sana zarar veren ilişkileri bitirecek kadar cesur olmalısın. Bir de Vaveyla geçmişte eşinle aranızda yaşanan olayları zihnin ısıtıp ısıtıp ısrarla eşinin önüne sürmesine izin verme. Yönetim her zaman elinde olsun. Yani zihninin kurnazlığından kork ve kendini ona göre akıllı yönet Vaveyla!

VAVEYLA: Bunun için öncelikle anladığım kadarıyla benim zihnimden geçen otomatik düşünceleri ve duygularımı çok iyi tanımam gerekiyor ki ifade edebileyim doğru mu?

LOGOS: Hissetmezsen kesinlikle iyileşemezsin. Yaralarını iyileştirebilmen yoluna devam edebilmen için önce bedeninde olup bitenlere karşı güçlü bir farkındalık kazandırmalısın. Hissettiklerini gerçekten tüm hücrelerinde hissedebilmek için kendine izin verebilmelisin.

VAVEYLA: İlişkilerimi neden devam ettirmekte bu kadar sorun yaşıyorum? Bu dediklerini yapsam ilişkilerim artık yoluna girecek mi sence? Kendimi bildim bileli insanlarla ilişkilerimi sürdürmekte sorun yaşıyorum. Sonra da kendime ve hayata küsüp terk ediyorum herkesi. Aslında kendimi sevmiyorum, kendime küsüyorum, kendimden kaçıyorum. Sonra da insanları suçluyorum. Çocuklar olmasa belki eşimi de çoktan terk etmiştim. Ama artık ilişkilerimi hayatımı yürütebilmek için onların varlığı da yetmiyor. Ben kötü ve yetersiz bir anne miyim? Bir anne ne olursa olsun çocukları için hayata tutunmaz mı? Ben niye tutunamıyorum? Niye artık ilişkimi sürdürmekte bu kadar zorlanıyorum? Niye ben bu kadar yoruldum?

LOGOS: Birbirinize benzediğiniz anlar bilindiktir. Benzerlikler insana güvenli gelir. Birbirinize uyum sağlamanızı, alışmanızı kolaylaştırır. Bu benzerliklerin getirdiği uyum sayesinde "ben" bilincinden uzaklaşıp "biz" bilincine varıyorsunuz. Artık tek beden, tek yürek, tek nefes oluyorsunuz. Birbirinizin farklı yönlerini ise ancak alışınca görmeye başlıyorsunuz. Aslında biz birbirimize sandığımız kadar benzemiyoruz diyebilmeniz için biraz zaman geçmesi gerekir. Sen hep bunu hissetmekten korktun. Buradaki farklılıklar farklı renkler seni korkuttu. Renkleri karıştırıp harika bir eser ortaya çıkaran bir ressam gibi ilişkinizdeki renkleri karıştırarak harika bir ilişki yaratabilirdin. Bu seni korkuttuğu için duygularını yok saydın. Görmezden geldin. O beni terk edeceğine yani terk edileceğime ben onu terk edeyim düşüncesiyle ilişkilerinin bazılarını bilinçli bazılarını da bilinçsizce bitirdin. Acı çekmekten korktun. Oysaki yok saydığın her duygu bir kar topu gibi zamanla büyüyerek şimdi karşına çıktı. Farklılıklarını hissetmeye başladığın anlarda duygularını bastırıp yok saymak yerine farklılıklarınızı kabul edip ilişkide birlikte büyümeye izin vermeliydin. Sen bu büyümeye izin vermediğin için hep aynı yerde takıldın. Benzerlikleriniz sizi birbirinize yakınlaştırmış olabilir ancak sizi büyütecek ve bir arada tutacak olan farklılıklarınızdır anlatabiliyor muyum?

VAVEYLA: Sanırım olgunluk dedikleri bu olmalı. Bir olaya farklı açılardan bakabilmek ve farklılıkları kabul edebilmek! Dünyaya sadece kendi gözlerimden baktığımı fark ettim. Sanırım dünyaya diğerlerinin gözlerinden de bakmayı öğrenmeliyim. Benim için bu hayatta neyin önemli olduğunu anlamam için gerçekten de korkularıma yakından bakmam gerektiğini bir kez daha anladım. Terk edilme korkusu ile hep ilişkilerimde sıkıntı yaşadım. Bazen yanlış anlaşılmaktan yalnız kalmaktan korkup "hayır" diyemedim. Şimdi kendimle ilgili çok önemli bir kilit noktasını çözdüğümü düşünüyorum.

LOGOS: Neyi çözdüğünü biliyorum. Amacım ilişkilere yönelik bu önemli düğümü kendinin çözmesini sağlamaktı. Bekliyorum, söyle hadi. Bunu senden duymak istiyorum.

VAVEYLA: İlişkilerime dair çok önemli bir anahtarı elimde tutuyorum. İnşallah doğru anahtarı bulmuşumdur ve seni yanıltmam.

LOGOS: Şimdi de sen beni merak ettirdin hadi söyle seni bekliyorum.

VAVEYLA: Ben zaman zaman karşımdakine yapmak istediğim şeyleri kendime yaptım. İhtiyacımı asıl hedefe yöneltmedim ve enerjimi kendime yönelttim. Başkalarına söylemek istediğim şeyleri kendime söyledim. Başkalarına yapmak istediğimi kendime yaptım. Yani dışarıya karşı duygularımı ifade edemedim. Onlarla kendi içimde baş etmeye çalıştım. Küstüm, ağladım, depresyona girdim, nedenlerini anlamak yerine kendimi başarısız, istenmeyen, yetersiz gibi etiketleyip suçladım. Tüm öfkemi kendime döndürdüm. Başkalarına olan öfkemi onlara yöneltmem yerine bu öfkeyi yuttum. Öfkenin duygularını ifade etmenin kötü olduğunu düşündüm. Öfkelenirsem insanların beni sevmemesinden korktum. Neden ne olursa olsun kendimi ne kadar aptal olduğum ile ilgili eleştirmeye ya da ne olursa olsun kendimi suçlamaya başladım. Bazen de utancımı saklamak için aptal

aptal yerli yersiz gülümsedim. Oysaki ihtiyaçlarımın farkında olup duruma göre içimdeki sesleri kendim bilinçli olarak yönetebilmeliyim.

LOGOS: Duygularımın yeni tercümanı hoş geldin! Ne kadar güzel anlattın. Sade ve net! Tek kelimeyle harika!

Sen temasa geçeceğin çevre yerine kendini koydun. Harekete geçmekten çoğu zaman geri durdun ve çevreyle olan teması kuramadın. İçindeki sesler de başıboş, denetimsiz kaldılar ve kafalarına göre yerli yersiz hortlayıp durdular.

Duygularına uygun davranışlar sergile Vaveyla! Gülmek iyi gelir ancak sorunlarını çözmez. Mutsuzken, gerginken, utanırken kesinlikle gülmeye çalışma. Duygunun içine gömülüp kalmaması ve yankı bulması için ifade edip ona göre davranmalısın!

VAVEYLA: Evet aynen öyle! Davranışlarımı ve duygularımı dışarıdaki bir hedefe değil de kendime yönelttim. İçimdeki kişilikler de bağırıp kavga edip durdular.

LOGOS: Duyguların mutlaka bir kanaldan dışarı akmalıdır. Sen duygularının dışarıya çıkmasını sağlayacak tüm kanalları kapattın. Onların da sana dönmekten başka çareleri kalmadı. Karşındakine hayır diyemediğin anlarda kendine hayır demeyi seçtin. Başkasını kırmamak için istemediğin bir şeyi yaparak karşındakine evet ama kendine hayır dedin. Bu durum da zamanla seni tükenmişliğe götürdü.

VAVEYLA: Bu şekilde davranarak yatırımımı sürekli başkalarına yapmış oldum. Aslında ben adeta ölmemek adına hiç yaşamadım.

LOGOS: Bu çok büyük bir söz. Bunun farkındasın değil mi?

VAVEYLA: Dur tamam artık seni çok iyi anlıyorum dostum. Duygularımı anlayabilmek adına seninle olan bağımı daha da güçlendireceğim.

LOGOS: Gayet çalışkan bir öğrencisin.

VAVEYLA: Aynada gözlerimin içine derin derin bakacağım. Seninle olan ilişkimi güçlendirip duygularımın geçici olduğunu kendime hatırlatacağım. Aynı mevsimler gibi. Her duygu yaşamıma biraz girer, beni ziyaret eder, biraz orada kalır ve sonra gider. Bunu kendime hatırlatacağım. Bunu kendime hatırlatırken de bu duygunun bende neler hissettirdiğini, bana iyi gelip gelmediğini, nereden ve ne zaman geldiğini anlamaya çalışacağım. Sonra da sevgiyle bu duyguyu dönüştüreceğim. Ayna benim yansımam. Ne bir fazlam ne eksiğim. İçdünyamda olanların yansıması. Artık aynadan kaçmayacağım ve duygularımı olduğu gibi kabul edip senden gelen enerjiyle dönüştüreceğim.

Senden biraz daha ipucu istiyorum. Bazen kendimi çok yetersiz hissediyorum. Karşımdaki insanları tanıyamıyorum. Kim iyi kim kötü? Bunun için bana biraz ipucu verir misin?

LOGOS: Harikasın dostum! Bu mükemmel bir soru! Kendinin veya diğerlerinin kişiliği hakkında bilgi edinmek istiyorsan zor anlarında ortaya çıkan davranışları gözlemelisin. Zor anlarla baş edebilmek için nasıl tepkiler veriyorlar, hangi yöntemler kullanılıyor bunları takip et. Her şey yolunda giderken, her şey güllük gülistanlıkken bir kişiyi tanıyamazsın. Arkadaşlarınla güle oynaya yolculuk yaparken arkadan bir araba gelip sizin aracınıza çarptı, sen veya arkadaşın o anda neler yapıyorsunuz? Evde arkadaşlarınla sohbet edip gülüp eğleniyorsun. Halının üzerine vişne suyu döküldü. Kendini ve arkadaşını izle neler oluyor. Yine her şey yolunda giderken bir iftiraya uğradın, kandırıldın, aldatıldın, böyle anlarda neler yapıyorsun veya çevrendekiler neler yapıyor? Hastalandın, ekonomik olarak zor bir süreçten geçiyorsun veya aşk hayatınızda ilişkilerinde zorlu bir sınav veriyorsun. Nasıl davranışlar sergilersin? Sana biraz önce de söylediğim gibi bunu pekiştirmen için tekrar söylüyorum. Yaşam aynı mevsimler gibi farklı duygusal süreçleri bizlere yaşatır. Önemli olan kış mevsiminin içinden geçerken neler yaptığın, çevrendekilere ve kendine nasıl davrandığın. Kış mevsimini yaşarken bir yandan bahar ayına hazırlık yapıp yapmadığın. Ardından baharı bekleyişin. Şimdi karlar altında kalsan da asilce, sessizce, canlılığını koruyarak ama kendinden emin bir duruşunla baharı bekleyip beklemeyişin? Yoksa bağırıp çağırıp öfkelenip kendine ve sevdiklerine zarar mı veriyorsun? Yaşamdan tüm umudunu kesip kendine ve diğerlerine küsüyor musun? Yoksa zor anlarından geçerken bir yanın baharı bekliyor mu? Üşüsen de kendini ısıtabiliyor musun? Uyanışını beklerken kendini kış mevsiminin gücüne teslim edip ondan beslenebiliyor musun?

Hem kendini hem de diğerlerini tanımak adına zor süreçlerinde, duygusal dünyalarında, davranışlarında, tutumlarında neler olup bitiğini anlamaya çalışmalısın. Her şey yolunda giderken iyi olmak kolaydır. Marifet zor anlarında işler yolunda gitmediğinde hâlâ iyiliğini koruyabilmekte anlıyor musun? Bu çok önemli!

VAVEYLA: Kendimi ve diğerlerini tanımak adına gerçekten çok güçlü bir bilgi. İyi ki seni tanıdım. Şimdi göğsümü gererek şunu çok net söylüyorum. İyi ki duvara tosladım ve seninle tanıştım. Seni tanımadan önce ben yaşamıyormuşum hem de hiç yaşamıyormuşum.

LOGOS: Hazır ol o halde Vaveyla, şimdi sana ilişkilerle ilgili çok önemli bilgiler ve ipuçları vereceğim, hazır mısın?

VAVEYLA: Beni yine heyecanlandırdın evet can kulağıyla seni dinliyorum hazırım!

LOGOS: Benliğinde anı defterinin bir parçası olan senin sahip olduğun ama kabul edemeyeceğin kişilik zaaflarını ve kişiliğinin diğer yönlerini içeren adına gölge denilen bir bölüm var. Herkesin bir gölgesi var. Bilinçli olarak gölgenin ne kadar az farkındaysan gölge o kadar kara koyu yani yoğundur. Gölgen çoğu zaman senin kendine ait olduğunu teslim edemediğin özelliklerini içerir. Bunlar her zaman kötü ve kusurların değildir. Bu özellikler egonun tabu olarak gördüğü güçlü yönleri olabilir ruhunun. Zengin bir gölge imgeleri olan rüyalarına bundan sonra daha dikkat etmelisin. Egon ile gölgen dengeleyici bir çift olarak birlikte çalışıyorlar. Kendinle yüzleşmeye başladığında karşılaştığın ilk katman gölgendir. Egon ile gölge arasındaki ilişkiyi fark etmen çok önemli. Senin zayıf bir egon vardı ve gölgen tarafından yutulma olasılığın çok yüksekti ve öyle de oldu. Burayı özellikle bu kısmı çok iyi anlamanı istiyorum Vaveyla. Bu kısım artık yapbozu tamamlamamızı sağlayacak olan asıl önemli parçalar. Gölgen senin doğanın karanlık kısmı. İlkel gelişmemiş olan kısmın. Onu rüyalarında olumsuz ve karanlık, genelde oldukça olumsuz bir figür olarak görüyorsun ve cinsiyeti de senin cinsiyetinle aynı oluyor. Uyanık olduğun günlük hayatında ise gölge benliğin özellikle aynı cinsiyetten kişilerle karşılıklı ilişkilerinde açığa çıkıyor. İşte bu yüzden aynı grup cinsiyetten gruplarla bulunduğunda tek başına yapmayı aklından bile geçiremeyeceğin şeyleri yapıyorsun. Budala görünmemek ve bir grubun parçası olmak için bunu yapıyorsun.

Gölge yönlerini daima ego kişiliğin gizlemek ister. Aslında gölgen çok kötü değil daha çok görünüşü itibariyle ilkel. Kendi gölgenle gereği gibi yüzleşirsen işte o zaman sana ruhunun bilinçli ve anı defterinden olan kısımları arasında bütünleşme olanağı sunabilir. Gölgeni görerek ışığını da görmüş olacaksın. Sen bir kez olsun bu iki karşıta bakıp onları anladığında merak etme artık orta noktayı bulabileceksin. Kısaca Vaveyla egon yani olduğunu düşündüğün kimlik ile gölgen yani benliğinin yadsıdığın olumsuz yönleri ruhunda dengeleyici çift olarak birlikte çalışıyorlar. Bireyleşmeye doğru yolculuğunun haritasını oluşturan kendini irdeleme ve gelişme sürecin asla sona ermez.

VAVEYLA: Sanırım bu gölgem pusuda bekleyen canavar gibi. Bu canavarlarla yüzleşmediğim sürece sürekli aynı hataları yapacağım ve neden benim başıma geliyor demeye devam edeceğim. Ah içinde bulunduğum orta yaş krizimde ruhumda bunları nasıl da hissetim.

LOGOS: Yaşamını neden bu denli sınırlı yaşadığını şimdi çok daha iyi anlıyorsun değil mi?

VAVEYLA: Büyük bir kentte yaşayıp bu kentin sadece bilindik sokaklarında dolaşmam gibi zihnimin aynı odalarında nasıl da oradan oraya dolaştığımı görebiliyorum. Şehrin kalan kısmını asla keşfe çıkmayan bir kişi gibi ne kadar da sığ yaşamışım hayatımı. Bu büyük kent benim ruhum, anı defterim ise bu büyük kentin keşfedilmemiş uçsuz bucaksız sokakları.

LOGOS: İşte sen artık anı defterini görmezden gelmezsen, rüyalarınla, düşlemlerinle ve zihnini serbest bırakmanla açığa çıkan iletileri dinlemeyi öğrenirsen aynı deneyimleri yaşamaktan kurtulursun. Zihnini serbest bırakarak kendi isteğinle bu anı defterinde bulunan inançlara ulaşabilmen için, öncelikle bilinçli zihnini aynada gözlerinin içine bakarak ve derin nefesler alıp vererek iyice eritmelisin. Daha sonra çözümlemek istediğin bir duyguna iyice odaklanmalısın. Bu duyguya iyice odaklanıp içine girdiğinde sana birtakım imgeler gelmeye başlayacak. Bunları duyabilirsin, görebilirsin veya hissedebilirsin. İmgeleri algılamaya başladığında daha önceden yanında hazırladığın kâğıt kalemle bunları yazarak veya resim olarak çizerek ifade edebilirsin. Böylece dış dünyana yansıyan içindeki olayların kaynağına ulaşıp düğümün olduğu yeri çözebilirsin. Aynı deneyimleri yaşamaktan da kurtulmuş olursun.

VAVEYLA: Vay canına demek resim yaparak da ulaşabiliyoruz çok ilginç!

LOGOS: Şimdi sana daha da şaşıracağın benliğinin bir parçası olan gölgenin bir özelliğinden bahsedeceğim: Gölgen gerçekten de senin kendinde bakmak istemediğin bütün parçalarından, başka bir deyişle kendindeki hoşlanmadığın yönlerinden oluşur. Gölgeni çoğu zaman dışarıya, diğer kişilere veya gruplara yansıtıyorsun. Bazen de içine döndürüp bastırıyorsun. İşte sen son zamanlarda giderek gölgeni içine daha çok döndürüp bastırdığın bu durumdasın. Gölgenin olumlu ve olumsuz olmak üzere iki özelliği var: Olumsuz yönü, sana kişiliğini, karanlık yönlerini ve üzerinde çalışman gereken şeyleri gösteriyor olması. Olumlu yönü ise, sana kendinde farkına varmadığın nitelikleri gösterip büyük bir güç katabilir.

Günlük hayatta ilişki kurduğun kişiler üzerinden gölgelerinin neler olduğuna dair bilinçli farkındalık geliştirebilirsin. Çevrende senin ihtiyacın olan şeylere sahip olmuş kişilere sinirlenebilirsin veya bu kişiler dikkatini çekebilir. Ne de olsa senin ulaşamadığına onlar ulaşmışlardır. Karnın aç olduğunda yol kenarındaki lokantalar dikkatini, ilaç aramak için dışarıdaysan eczanelerin dikkatini çekmesini gibi. Kendini sevmeye ihtiyacın varsa, kendini seveni; eğlenceye ihtiyacın varsa eğleneni; özgürlüğe ihtiyacın varsa özgür olanı, özgüvene ihtiyacın varsa özgüveni olanı diğerlerinden ayırt edip daha kolay fark edersin. Farkındaysan bunlar gölgen olarak sende zaten var. Bunları bastırıyorsun ve farkında değilsin. Ancak ilişkilerini kendine tuttuğun bir ayna gibi görebilirsen tüm gölgelerini aydınlığa kavuşturabilirsin. Yani zaten sende olan fakat yok saydığın için en olmadık yerde zamansız ortaya çıkıp seni belaya sokan bu özelliklerinle barışır, kucaklaşır ve yeri geldiğinde bunları rahatlıkla kullanabilirsin. Bundan sonra Vaveyla etrafında ilgini çeken veya seni sinirlendiren ne varsa ona ihtiyacın olabilir! Dikkatli ve uyanık ol!

İlişkilerinde "Beni dinlemiyorsun" demek diğer taraftan "Anlatacakların ilgimi hiç çekmiyor ve benim sana daha önemli anlatacaklarım var, onlarla ilgileniyorum ve seni dinlemiyorum" demektir. "Çok acı çekiyorsun abartma üzülme!" demek "Ben de çok acı çekiyorum, üzülüyorum, anlatma, duymayayım ki üzülmeyeyim" demektir. "Çıkarlarını çok koruyor ve bencil davranıyorsun!" demek, "İzin ver biraz da ben çıkarlarımı koruyayım ve bencil davranayım" demektir. Kısaca yaptığın her suçlama "Bak biz çok farklıyız, birbirimize hiç benzemiyoruz, sen öylesin ama ben de böyleyim!" derken aslında bunların tümü aynadakine yaptığın suçlamadır!

Benimle yeni tanıştığında kocaman bir gölgen vardı. Kendinle yüzleşme cesareti göstermenle birlikte gölgen giderek küçülüyor ve sen iyileşiyorsun farkındasın değil mi? Hayatta karşılaştığın hiç kimseyle tesadüfen karşılaşmazsın, herkesle bir amacın olduğu için karşılaşırsın Vaveyla! Bazılarına sen bu amaç için öğretmenlik yapacaksın, bazısı da bu amaç için sana öğretmenlik yapacak.

VAVEYLA: Hayatta en çok kendimden yorulmuştum. Sayende en çok kendimi dinlemeyi ve dinlendirmeyi öğrendim. Seninle zorlu bir mücadeleye girdim. Bu mücadele kolay olmadı ama umutsuzluğumun ve yorgunluğumun artık beni terk ettiğini gittikçe daha çok görebiliyorum.

LOGOS: İyi dinle Vaveyla. Sen gölgeni tanımaya başladıktan sonra ruhunda artık ikinci katmana ulaşıyoruz. Bu ruhunda karşı cins imgesidir. Hepimizin ruhunda bir karşı cins yönümüz bulunmaktadır ve bu anı defterimizde kayıtlıdır. Kadınlarda, kadın ruhunun düşünen mantıksal kısmını temsil eden ve kadın bilgeye ve gerçek anlama doğru götüren erkek yön vardır. Kadın bu yönünü gerçek bir erkeğe yansıtırsa kadın âşık olur. Kadın bu yönüyle aşırı özdeşleşirse baskın, önyargılı ve inatçı hale gelir. Bir kadının erkeklerle sağlıklı ilişki kurabilmesi için bu yönünün gelişimi önemlidir. Kadının bu yönü zayıfsa kadının sorunları olacaktır. Erkeklerde de bir erkeğin kişiliğindeki anı defterinde bulunan kadın yönüdür. Bu da erkeğin bu yönü zayıfsa kadınlarla ilişkilerde zorlanır. Bu da erkeğin annesi ve diğer kadınlar ile olan ilişkisine göre şekillenir. Tutkulu çekimler meydana geldiğinde erkeğin bu yönünü gerçek bir kadına yansıttığını gösterir.

Karşı cinsle iletişiminde başarılı olabilmen için bu içindeki erkek yönünle temasa geçmen çok önemli. Buradan sana önemli iletiler geliyor. Karşı cinsin üyelerinde her zaman "öteki yarını" yani eksik olduğunu hissettiğin yarıyı arıyorsun.

Kısaca eşinin erkek ruhunun dengeleyici kadın yönü ile senin ruhunun dengeleyici yanı olan erkek kısmı senin ilişkini belirliyor.

VAVEYLA: Bu yönlerimiz gerçek hayatta karşılaştığında da aşk ortaya çıktı. O zaman evliliklerde aşkı canlandırmak için bu içimizdeki kadın ve erkek yönleri de canlı tutmalı ilişkinin sürecine göre gözden geçirmeliyiz. Aslında ben içimdeki bu erkeksi yönü ne kadar da güçlendirip onu beslemişim. Hırçınlığımı, öfkemi ve güce, paraya, başarıya bu denli neden tutunduğumu artık çok iyi anlıyorum.

LOGOS: Asıl şimdi söyleyeceklerime hazır mısın?

VAVEYLA: Yüreğime indirecektin yine ne yumurtlayacaksın Allah aşkına?

LOGOS: Sana biraz önce anı defterinin kişiliğinin kendinin olarak göremediği özelliklerini içeren gölge kısmından bahsetmiştim hatırladın mı?

VAVEYLA: Evet hatırladım tabii ki hatırlamaz mıyım?

LOGOS: Tamam harika iyi dinle o halde! Egonu aşırı şişirdiğin zaman işte bu kendinde görmek istemediğin kabul edemediğin gölgeni başka insanlara yansıtıyorsun. Sana ait anı defterinden bir özelliğinin bir kusurunun, hatta bir yeteneğinin başka bir kişi ya da nesneye aitmiş gibi gördüğün adına yansıtma diyeceğim bir süreç yaşıyorsun. Yansıtmaya her zaman bir kişi ya da duruma yönelmenle güçlü duyguların ve heyecanların eşlik ediyor. Örneğin eşine bankada o ilk âşık olduğun anlar gibi.

Yansıtma anı defterindeki fikirlerin bilinçli zihne çıkmaya çalıştıklarının bir işaretidir. Sevdiğin ya da nefret ettiğin, öteki kişi ya da şey değildir, kendi ruhunun onlara yansıtılmış birer parçandır. Birisine aşk kimyası çok yüksek olarak vuruldum demekle olgunlukla gelişen daha istikrarlı türden "sevgi"yi ayırmak gerekiyor. Bu tür güçlü bir yansıtma gerçekleşince karşı koymak çok güçtür. Senin eşine ilk gördüğünde vurulman, âşık olman gibi. Burada sen eşine karşı bir baba imgesi yansıttın. Karşı koyamadığın bir şekilde içindeki baba faktörüyle içindeki erkek yönün seni içine çekti. Çünkü bu yönün iyileşmek ve tamamlanmak istiyor. Bu yüzden durum çatışmayla sonuçlanma eğilimi gösterdi. Yansıtmaların zamanla yok olduğunu görebiliyorsun değil mi? Yani aşk bitti dediğin şey yansımam bitti demek oluyor.

VAVEYLA: Ah evet ve ruhum olgunlaştıkça kendi gölge özelliklerimi tanıyacağım ve gölgeyi ilişkilerime yansıtmadan geri çekebileceğim. Anladığım kadarıyla yansıtmada bulunduğumda diğer kişinin bütün tutumlarını özümseme eğilimi gösteriyor, kendi ruhumdan yüze çıkmaya çalışan eleştiriyi bastırıyorum.

LOGOS: Evet aynen öyle. Gölgeni yansıttığında egon öteki kişi ya da kişileri kötü olarak görüyor ve kendi yönlerini rahatlıkla yadsıyorsun. Ruhunda gerçek bütünleşmenin meydana gelmesi için gölgeni kabul etmen ve bilinçli kişiliğin ile gölgenin, birlikte yaşayabilmenin yollarını bulman gerekiyor. Eğer gölge yansıtmalarını geriye çekecek kadar cesur olursan işte o zaman kendi gölgenin farkına varacaksın. Bu senin için zor olacak, dev boyutlu ahlaksal bir görevi üstleneceksin. Artık kendi sorunların ve yolunda gitmeyen işlerin için başkalarını suçlamayacaksın.

VAVEYLA: Devam et lütfen hadi durma!

LOGOS: Dur sakin ol, beni o kadar heyecanlandırdın ki az kalsın asıl söylemek istediklerimi unutturuyordun. Sen eşine bağırıp çağırdığın dönemlerde içindeki eril yönle çok özdeşleşmiş oluyorsun. Bunun için baskın, önyargılı ve inatçı biri haline geliyorsun. Son zamanlarda ise eşinle ve hemcinslerinle sorun yaşamanın sebebi ise içindeki dişil yönün çok zayıflaması. Bu yüzden kadınsı olarak birtakım sorunlar yaşıyorsun. Eşindeki dişil yön ise çok zayıfladığında aşırı derecede gergin ve sinirli oluyor. Eşindeki dişil yön çok gelişirse eğer o zaman da o erkeksi birtakım sorunlar yaşamaya başlar. Anlatabiliyor muyum? Bu yüzden uyanık ve dengede olmalısınız.

VAVEYLA: Vay canına gerçekten de son günlerde de ben adeta evin erkeği gibi bağırıp çağırmaya başladım. Her şeyi kontrol edip yönetmek istedikçe eşim de giderek pasifleşip sessizleşti. Şimdi bulmacayı daha da iyi çözüyorum.

LOGOS: Dışarıda yanlış olan ne varsa, içinde de yanlıştır. Yani kendi ruhunun karanlık yönleri gerçek ve mevcut hale geliyor. Kendi gölgenle başa çıkmayı öğrendiğinde, içinde bulunduğun toplumun çözülmemiş tüm sorunlarının dev yükünden kendi minik parçanı sırtlanarak dünya için çok somut bir şey yapmış olacaksın! Dışarıda gördüğün her şey senin içdünyanın bir yansıması. Dünyan senin bir yansıman Vaveyla! Sen de olmayanı göremezsin, bilemezsin. Tıpkı aynadaki yansıman gibi!

LOGOS: Sen ağlıyorsun?

VAVEYLA: Evet ağlıyorum. Şu anda gözyaşlarımı saklayarak güçlü olmayı değil de ağlayarak mutlu olmayı seçiyorum. Ben acıya gebe kaldım ve neşe benim doğumum oldu. Sevginin olmadığı yerde güç belirirmiş. Asıl güçlü olmak duygularını bastırmak değil onları özgürce yaşayabilmekmiş. İşte bu yüzden gözyaşlarımı ilk kez seviyorum. Onları hissediyorum. Akan her bir gözyaşımı içimde hissetmenin büyülü güzelliği. Ah ne çok özlemişim sevinç gözyaşlarımı. Artık acı tatlı nasıl olursa olsun her duygumu içime alacağım, onu hissetmek için kendime izin vereceğim.

Eşimi, çocuklarımı ve yaşamımda olan her şeyi, herkesi yargılamadan, eleştirmeden oldukları gibi kabul etmeyi seçmenin vermiş olduğu bu mutluluk gözyaşlarımdan gurur duyuyorum. Uzun süredir kadın olduğumu ilk kez hissedebiliyorum. "İnsan gözyaşlarından gurur da duyar mıymış?" dediğini de duyuyorum. Ben de sana çok net cevap veriyorum: Evet gözyaşlarımdan gurur duyuyorum çünkü onlar benim ve yaşamımın birer parçası. Ben artık içimdeki kalabalığı toparlıyorum. Bugün kendimle bir kontrat imzalıyorum. Kendimi ve hayatımdaki tüm insanları oldukları gibi kabul edeceğime dair bir kontrat bu...

LOGOS: Aaa tamam sakin ol yavaş. Şimdi neredeyse beni de ağlatacaksın...

VAVEYLA: Sana inanmıyorum, sen de ağlamaya başladın. Sen de ağlıyorsun.

LOGOS: Evet ben de ağlıyorum. Tutamadım kendimi. Bugün sen yeniden doğdun. Bugün senin doğum günün. Bundan sonraki yaşamında da başına ne gelirse gelsin her şeye rağmen yoluna devam edebilmen için tüm şifrelere artık ulaştın. Yaşam haritanın şifrelerini oluşturdun. Tünelin sonundaki aydınlığa kendi içsel gücünle ulaştın. Yılmadın, mücadele ettin ve içindeki acıyı huzura dönüştürdün. Bu herkesin bu kadar kolayca yapıp bitiriverеceği bir şey değil.

Bu çok değerli bir gösterge. Aldığın nefes yaşamına verdiğin önemin göstergesi. Yaşam senin için yeni başlıyor Vaveyla.

VAVEYLA: Hani bebek gibi yumuşak, narin ve esnek ol derler. Yaşlılık insanı sertleştirir, katılaştırır derler ya... Sanırım ben yeniden yumuşadığımı hissediyorum...☺ Hımmm... yumuşacık yeni doğan bir bebek gibi oldum. Bir de annemin memesi olsaydı tam olacaktı...☺

LOGOS: Ooo bakıyorum kendinle dalga geçmeye başladın!

VAVEYLA: Bunca yıl sonra ilk kez kendimle şakalaşmanın, kendime gülmenin keyfini yaşıyorum. İzin verirsen aldığım bazı kararlardan sana bahsetmek istiyorum.

LOGOS: Işığını artık teslim aldın. Bundan sonra korkun senin müjden olsun Vaveyla!

VAVEYLA: Eşimin akşamları gelip televizyonun karşısında dinlenmek için uzanmasını artık eleştirmeyeceğim. Kızlarımın son anda hazırladığı okul çantası için hemen köpürmeyeceğim. Oğlumun emekleriyle yaptığı legoları ev dağılıyor diye toparlayıp hemen kutulara sokmayacağım. Dizmek istediği yere dizmesine izin vereceğim. Son bir şey eşimin banyo yaparken bağıra bağıra söylediği şarkılarını bırak eleştirip susturmaya çalışmayı, ona eşlik edeceğim. Şarkılar söyleyip dans ederek sevgiyi tüm yüreğimle hissederek yaşayacağım!

Çevremdeki kişilerin davranışlarına müdahale etmeden içinde bulundukları duygu durumunu anlamaya çalışacağım.

Biliyor musun artık yaşamımda olan her şeye ve herkese varlıkları için şükredeceğim. Şükretmenin gücünü ilk kez hissettim. Bu çok güzel! Allahım elim kolum, gözlerim, annem babam, evim, eşim, çocuklarım iyi ki varlar.

Tüm duyguların geçici olduğunu, hiçbirinin bende sürekli kalmayacağını kendime hatırlatacağım.

Bedenimde olup bitenlere karşı farkındalık geliştireceğim.

Bundan sonra negatif duygularımı bastırmayacağım. Hiçbir duygumu yok saymayacağım. Tüm duygularımın bana ait olduğunu kabul edeceğim.

Sınırlarımı çizerek kendime birtakım kurallar koyarak tutarlı olacağım! Örneğin ne olursa olsun çocuklarıma çok daha sabırlı ve şeftali davranıp bağırmayacağım. Eşimi yargılayıp, zihninden geçenleri okumaya çalışıp kendi kendime falcılık yapmayacağım.

El âlem ne der diye düşünmekten vazgeçeceğim. Çünkü ben ne yaparsam yapayım herkesin beni sevmesi ve onaylaması mümkün değil.

Değiştirebileceğim şeyler için elimden geleni yapacağım, değiştiremeyeceklerimi kabul edeceğim.

Bütün hayatımın anlamını sadece ilişkilerde aramaktan vazgeçeceğim. Ruhumu besleyecek çok daha güçlü kaynaklar var yaşamda ve bunlardan da besleneceğim.

Mutluluk ve başarı sevmediğim ama yapmak zorunda olduğum sorumluluklarımı nasıl yaptığıma bağlı ve bunların yollarını bulup eğlenceli hale getireceğim.

Kaygı yaşadığım anlarda o zaman düşünürüm diyeceğim şimdi değil!

Hayatta sürekli bir mutluluk anı olmadığını kendime hatırlatacağım!

Kendimle durup dururken eğlence çıkaracağım. "Hey bu da ne yapıyor böyle!" dediklerinde kafayı takmayacağım. Çünkü bu anların asıl kendim olduğum anlar olduğunun artık bilincindeyim.

Kendime, sevdiklerime sık sık sarılacağım. Çünkü bu benim ilk kez sayende deneyimlediğim bir duyguydu. Daha önceden kendime hiç sarılmamıştım. Bunun iyileştirici gücünü keşfettim. Bundan sonra hem kendime hem de sevdiklerime bol bol sarılarak birlikte iyileşmeyi seçeceğim.

Bu kontratta aldığım kararlar yani yaşam felsefem dediğim maddeler daha da uzatılacak olsa da yolculuğumdaki en önemli şifreler bunlar. Ha bir de unutmadan ekleyeyim. Bundan sonra kendi zihnimden ve diğerlerinin zihninden geçen düşünceleri çok da ciddiye almamayı seçiyorum. Sorumluluklarımın bilinciyle şimdide yaşamayı seçiyorum!

Beni etkileyecek, heyecanlandıracak, gördüğümde sevindirecek alışkın olmadığım yeni şeyler görmek istiyorum! O zaman artık yollara düşüyorum, etrafıma bakıyorum, başımı kaldırıyorum ve yaşamla tanışıyorum! Merhaba hayat...

LOGOS: Seni seviyorum Vaveyla. Sen gerçekten çok güçlüsün. Artık yaşamda neyle karşılaşırsan karşılaş tek başına baş edebilirsin.

VAVEYLA: Hey bir dakika gidiyor musun yoksa?

LOGOS: Evet şu anda bana ihtiyacın olduğunu düşünmüyorum. Birazdan eşin ve çocukların gelecek. Hazırlık yapıp onları şaşırtmayacak mısın?

VAVEYLA: Evet hatta birazdan kuaföre gidip güzelleşeceğim! Hımmm belki çilekli dondurma, pizza ve çikolatalı pasta da alırım. Hazlarıma kaptırdım galiba kendimi ama ruhuma şimdiden iyi geldi. Ruhum canlandı! Hey ama sen, sen bu şekilde gidemezsin. Bana kim olduğunu söylemeden gidemezsin, buna izin veremem beni anlıyor musun?

LOGOS: Bir yere gittiğim falan yok. Şu anda bana ihtiyacın olmadığı için biraz susacağım. İhtiyacın olduğu anda yine seninleyim.

VAVEYLA: Sen kimsin Allah aşkına? Korkarak ve acıyla yaşamayı, cesaretle yaşamaya senin sayende çevirdim. Sen kimsin?

Evet bekliyorum, lütfen artık söyler misin? Görmüyor musun heyecanımı. Dizlerim titriyor, ellerim uyuşuyor, başım dönüyor, heyecandan yere düşmemek için kendimi zor kontrol ediyorum. Sen benim için çok değerlisin. Gerçekten bana yaşamdan alabileceğim en iyi şeyleri sundun. Sana minnettarım!

LOGOS: Ben senin akılcı yönünüm Vaveyla.

VAVEYLA: Nasıl yani? Hepsi bu kadar mı? Hâlâ kim olduğunu anlayamadım!

LOGOS: Ben yüreğinin derinliklerinden sana seslenen senin yaşam yolculuğunda sana eşlik eden zihninin akılcı yönüyüm. İsmim Logos! Benimle istediğin zaman bağ kurarak istediğin bilgilere ulaşabilirsin. Yeter ki aradığın soruların cevabını bulabileceğin ve sana hizmet etmek üzere daima senin içinde seni bekleyen bir akılcı yönün olduğunu kendine hatırlat. Zor anlarında seninle bağ kurmak için "Vaveyla... Vaveyla..." diye sana seslendiğimde lütfen bana cevap ver. Ben sana yumuşacık içini ısıtan bir sesle sesleneceğim. Benim sesim her zaman sakin ve huzurludur...

VAVEYLA: İlginç! Logos ne demek? Peki bu akılcı yönüm yani sen ben doğarken var mıydın? Yoksa yaşım ilerledikçe mi ortaya çıkıp benimle iletişim kurmaya başladın? Sen ne zamandan beri benimlesin?

LOGOS: Logos, düşünme, akıl, oran, ölçü demektir. Aynı zamanda evreni düzenli bir bütün olarak kuran ve hareket ettiren akılcı bir ilkedir. Buna göre logos, hem oluşumların altında yatan ve onları biçimlendiren düzen ilkesi hem de evrenin böyle bir düzen olarak kavranmasında belirleyici olan bilgi ilkesidir. Evrenin kavranması belirli orantılarına yani karşılıklı ilişki içindeki yasa niteliğinde bağlantılara göre gerçekleşir. Bu anlamıyla logos özellikle rastlantı ve gelişigüzelliğin karşıtıdır. Her insan büyük anı defterinden kendisine aktarılan bu logos yani akılcı yönüyle birlikte doğar. Bu akılcı yönüyle iletişime geçerek en iyi hangi işi yaparak, yol arkadaşı olarak kimi seçerek daha mutlu olacağından, yaşam amacının şifrelerine kadar ulaşabilir.

VAVEYLA: Sanırım anne babanın görevi, çocuğunun yüreğinde saklı olan bu şifrelere en iyi şekilde ulaşmasına yardımcı olmaktır. Çocuğun doğal yapısını ve gelişim sürecini bozmadan, benliğine zarar vermeden. İşte ben tam da bu noktada yaralanmışım. Bu denli sıkıntı ve çaresizlik hissetmemin sebeplerini şimdi çok daha iyi anlıyorum. Tamamlamam gereken anı defterlerimdeki anılarımı görebiliyorum.

Sadece ben değil birçok anne baba ne yazık ki çocuklarının içsel kılavuzlarını kendi elleriyle yırtıyorlar. Çocukların da akılcı yönleriyle iletişimini koparıyorlar. Sonra da çocuklar yetişkin olunca tıpkı benim gibi yollarını kaybediyorlar. Birçok insanın neden mutsuz olduğunu ve kendisini çaresiz hissedip yolunu kaybettiğini artık görebiliyorum. Bu bence müthiş bir bilgi. Bu bilgiyi tüm dünyaya duyurmak istiyorum. Sanırım bilinç seviyem yükseliyor, öyle değil mi?

LOGOS: Her bebekte olduğu gibi sende de hayatta kalabilmen ve kendini koruyabilmen için temel motivasyon kaynağın saldırganlıktı. Bebek, nesneleri kısmi nesneler olarak yaşar. Bebek için ilk kısmi nesne anne memesidir. Bebeğin yaşam alanının en büyük bölümünü dolduran anne memesi, aslında onun saldırganlığı ve diğer dürtüleri için kendi düşlem dünyasını dolduran imgelerin depolandığı bir mekânı da oluşturmaktadır. Bebek, kaygısını azaltmak için kendi içindeki istemediği saldırganlığı ve kötü yanlarını anneye, yani memeye yansıtarak kendinden uzaklaştırmaya çalışır. Bu pozisyonda "kötü" annedir. İleride daha farklı ilişkilere giren çocuk, anneyi ve kendisini daha tam, yani "iyi" ve "kötü"lerin toplamından oluşan bir bütün olarak görmeyi başardıkça, geçmişte annenin iyi yanlarını görememiş olmaktan dolayı suçluluk duygusu yaşar. Anneye aktardığı saldırganlık parçaları ve dürtüler daha sonra bebek tarafından tekrar içselleştirilir. Bebeğin her dışkılaması, kendisi için tek ruhsal nesne olan annesi üzerinden yani onunla ilintili olarak gerçekleşmektedir. Bebek, dışkılama eyleminde aslında kendi kötü parçasını yani dışkısını annesine atmaktadır. Bu şekilde bebek, kendisinde olmasını istemediği, saldırgan yanları anneye yansıtmaktadır. Bebekliğin bu döneminde meme, annenin bir uzantısı olarak algılanmakta, anne me-

menin tamamından oluşmuş gibi görülmektedir. Memeyi somurmak, emmek, içini boşaltmak ile kendi içindeki tehlikeli, istenmeyen parçaları annenin içine atmak arasında gidip gelen bebek için, kaygısını azaltmak, yaşamsal bir meseledir. Anne/meme ise bunu sağlayacak olan araçtır. Bebeğin ilk etapta "iyi" ve "kötü" "anne" ile "iyi" ve "kötü" "ben" imgelerini ruhsal yapı içinde ayrı ayrı tuttuğunu yani bölme yaptığını, ancak anne ile ilişkisinde yaşantıları çoğaldıkça ve (anne kendisi psikolojik olarak sağlıklı olduğu ölçüde) bebeğin yaptığı "bölme" işleminin, hem iyi hem de kötü yanları olan anne ve ben algısına doğru değiştiğini dile getirmiştir. Bebeğin yaptığı bu "bölme" savunmasının temel güdüleyicisi, kendini, benliğine ve nesneye ait 'kötü' yönlerden korumaktır. Bu dönemde bölünmüş olarak ayrı tutulmaya çalışılan parçalar ötekine yansıtılır. Bebek, önce içinden bir parçayı anneye yansıtarak, daha sonra tekrar içine alarak onunla özdeşleşir, temelde kötü yönlerden kurtulmaktan ve karşıdaki kişiye zarar vermekten çok, ona hükmetme, kontrol etme amacı taşır.

Senin de gördüğün gibi insan davranışlarının kökeni annesi ile olan ilişkide bulunmaktadır. Saldırganlık ve güç ilişkileri, insan yavrusunun yaşamının daha ilk başlangıcında yön vermektedir. Saldırganlık içgüdüsüyle hayatta kalabilmek için başkaları üzerinde egemenlik kurma arzusu, yaşamın başlangıcından beri hep vardır ve anneyle olan ilişkide de bu esastır.

Bebeğin kendisini anneden ayırt edemediği dönemde, annenin içdünyasına ait her şeyi eşduyumla tümden içe alır. Bu dönemde annenin ruhsal dizgesi bebek tarafından kolayca içe alındığından ve bebek kendini zararlı materyalden korumak için başka bir mekanizmaya sahip olmadığından, annenin içdünyasında sahip olduğu tüm yıkıcı etkiye açık bir haldedir. İşte, kendilik sınırı olmayan insanlar da yakınlarıyla ilişkide, aynen bebeklikte olduğu gibi bu tür savunma mekanizmalarını kullanır.

Anne zamanla çocuğun belli bir şekilde davranmasını ister veya onu zorlar. Çocuk da kontrol etmeyi temelde anneden öğrenir. Burada anne, çocuk için ilk nesne, bakım veren insandır. Çocuk da yaşamında baş etme becerilerini aşan derecede zorlanım yaşarsa, anne-çocuk ilişkisindeki rolleri tersine çevirerek anne babasının kendisine yaptıklarını ötekileri kontrol etmede uygulamaya başlar, onların rolüne bürünür; çünkü dağarcığındaki baş etme becerileri ve bilgileri sınırlıdır.

Birey büyüdükçe ilişkilerinde karşısındakini belli bir şekilde davranmaya zorlama şeklinde ortaya çıkan durum, kişinin kendi içsel parçalarını karşıdaki kişinin ruhsal dizgesi içine sokması ve kendi parçasıyla ilişkisini koparamaması yüzünden de karşısındaki kişiyi parçası gibi yaşayarak onu kontrol etmeye çalışabilir.

Evliliklerde de bu durum söz konusu olabilmektedir. Örneğin aile içinde, koca, kendisinde olmasını istemediği edilgenliği ve zayıflığı karısına yükleyerek ve yansıtarak, kendinde olmasını arzuladığı saldırgan ve rekabetçi imgesini sürdürebilmektedir. Bu da, kendisindeki saldırgan rekabetçi özellikleri kocasına yansıtmak yoluyla istediği edilgen ve çaresiz, dolayısıyla korunan bağımlı kişi imgesini sağlayabilen kadın için ideal bir durumdur. Bu açıdan eşler arasındaki bu durum bazen karşılıklı pekiştirici ve tamamlayıcı bir özellik taşıyabilir. Eşler bu durumu kabullenerek ilişkilerinin içinde kalırlar. Aynı özellik, çocuk ve anne baba ilişkisi için de geçerlidir ve yansıtmaları kabul eden genelde çocuklardır. Çocuklar, çoğu kez anne babanın sevgisini yitirme korkusuyla yansıtmaları kolayca kabullenirler.

Şimdi beni iyi dinlemeni istiyorum Vaveyla, bebeklik dönemine ait nesnelerle olan ilişkiler dil öncesi dönemde oluşmaya başladığından, tasarımlar ve düşlemler yoluyla oluşurlar ve dil kazanıldıktan sonra, yetişkinlikte de alttan alta düşlemsel boyutta süreçler işlemeye devam eder. Sen benimle bağ kurarak, sözel ve düz bir iletişim ile bunu sağalttın. Yani annen ve babanla olan ilişkini, çocukluğun dönemindeki ilişki koşullarda yeniden oluşturarak, sağlıklı ilişki biçimlerine dönüştürdün.

VAVEYLA: Anlattıklarını çok iyi anlıyorum. Sanırım annemle ve zamanla babamla oluşan ilişkim şimdiki ilişkilerimin temelini oluşturuyor. İlişkilerimin iskeletini oluşturan ailemden öğrendiğim gerçekliği sürece ve duruma göre farklı ilişkilerime yansıtıyorum.

LOGOS: Evet bu süreç ilişkilerinde dört farklı şekilde ortaya çıkıyor. Bunlar bağımlılık, güç, cinsellik ve yaranma süreçleridir. Burayı sana madde madde açıklayacağım. İyi çok iyi dinle:

Birincisi bağımlılık süreci: Bağımlılık sürecini devreye soktuğun ilişkilerinde; karşındaki insanı kendine yardım etmeye zorluyorsun. Yardım ve destek için güvenebileceğin birini arıyorsun ve kendi başına karar vermen gereken konularda bile ötekinin yapmasını sağlamaya çalışıyorsun. Yardım çağrın ne kadar zararsız görünürse görünsün, örtülü iletişimsel düzeyde alta verdiğin mesaj, "Ben sen olmadan, kendi başıma yaşayamam"dır. Karşındaki kişilere devamlı "Sence ben haklı mıyım?" "Bu durumda nasıl davranmalıyım?" "Sence hangisini seçmeliyim?" "Ben şimdi ne yapacağım?" gibi ifadeler kullanıyorsun. Aslında çoğu kez tüm bu işlerin üstesinden gelebilecek bir gücün oluyor. Ancak kendi aklına güvenmekten ziyade başkalarının aklıyla hareket etmeyi seçiyorsun. Pazardaki tüm seçimleri diğerine bıraktığın süreci hatırlıyor musun? İşte tam da buna örnek!

İkincisi güç süreci: Başkalarına karşı baskın olup, kontrol etme isteğinin olduğu ve bunu da karşındakileri yetersiz hissettirerek sağlamaya çalıştığın süreçlerdir. "Benim sözümün dışına çıkma!" "Benim dediklerimi yap!" "Benim kurallarıma uy!" "Ben olmadan sen hiçbir şey yapamazsın!" gibi mesajlarını örtülü iletişim olarak karşı tarafa aktarıyorsun. Aile ilişkilerinde zaman zaman eşine ve çocuklarına neden hükmedip onları kontrol etmeye çalıştığını sanırım şimdi daha iyi anlayabilirsin. Günümüzde kurumlarda da genelde kontrol arzusu baskın olan ilişki biçimi daha yoğundur. Müdürünüzün yaptıklarını hatırlıyorsun öyle değil mi? Bu ilişki sürecine giren kişilerin genelde anne babaları, bakım verme işini bile yapamadıklarını, aslında kendilerinin bakıma ihtiyaçları olduğunu çocuğa hissettirirler. Bu durum genelde fiziksel ya da zihinsel engeli olan, kronik ve kötü hastalıkları olan, alkolik anne babalarda görülür. Böyle anne babası olan çocuklar, kendilerini istenmeyen çocuk olarak görürler ve sürekli bir terk edilme korkusu içindedirler. "Büyümüş de küçülmüş" çocuk tipi böyle anne babaların çocuklarında daha sık görülür. Çocuğun kişiliği imgesel bir erişkine dönüşmek zorunda kalır. Vaveyla, kendi doğup büyüdüğün ailen, çocukluğun ve şimdiki kendi ailen arasındaki bağı kurabiliyor musun? Babanın alkolden ve uykusuzluktan kan çanağına dönmüş gözleri ile şimdiki duyguların, davranışların arasındaki bağı kurabiliyor musun? Ya değersizlik duygunun kökenini şimdi daha iyi anlıyor musun Vaveyla? Eşine ve çocuklarına karşı sebebini bir türlü çözemediğin davranışlarını şimdi daha iyi anlamlandırabiliyor musun?

Üçüncüsü cinsellik süreci: Karşındaki kişiyi erotik içerikli tepki vermeye zorladığın süreçtir. Bu sürecin içerisine girdiğinde örtülü iletişim içinde cinsel içerikli mesajları örtülü olarak yansıtıyorsun. Normal cinselliği yaşadığın ilişkilerden farklı olarak yoğun ve cinsel odaklı ilişkide, cinsel eylem kendiliğinden ve dürtüsel olarak ortaya çıkmaz, cinsellik diğer her şeyi gölgede bırakır ve ilişkinin tamamını kaplar. Böyle olunca da cinsellik yok olur ve ilişki de biter. Cinselliğe dayalı ilişkileri geçmişte zaman zaman yaşamanın sebebi küçükken davranışlarının kısıtlandığı süreçlere değil de, ailenin dengeyi kuramayıp seni aşırı değerli gösterdiği sürece dayanır ve genelde, ebeveynlerin "Beni heyecanlandırdığın, uyardığın ölçüde arzu edilirsin!" mesajlarını verdiği süreçlerin sonucu ortaya çıkmaktadır. Cilveli, işveli veya cinsellik içeren davranışlarının daha değerli olduğunu, sana verilen örtülü mesajlardan öğrendin. Şimdi anlıyor musun Vaveyla neden eşinden önceki ilişkilerinin zamanla cazibesini yitirip devam ettiremediğini! Cinsel olarak arzulanmadığını hissettiğin andan itibaren bunu bastırdın ve bilinçaltına ittin. Bu ise zamanla daha da büyüyerek patladı. İlişkilerinin devamlılığının olamamasının bir yönü de bu! Sen aşktan ziyade cinsel olarak arzulanmak istiyorsun! Cinsel isteklerin hayatındaki diğer her şeyi gölgelemediği sürece çok doğaldır. Tüm ihtiyaçların gibi cinsel ihtiyacına da dikkatli ve özenli davranmalısın. Unutma bastırdığın ve yok saydığın her şeyi büyütürsün Vaveyla! Cinsel ihtiyacının farkında bile değildin sen Vaveyla! Uzun süredir eşinle cinsel ihtiyacını gidermeyip bastırdığın için eşinle ve kendinle olan sorunların daha da büyüdü! Bazı kişiler toplum tarafından kabul edilmeyeceğini düşündüğü saldırgan ve cinsel eğilimlerini değiştirerek toplumsal onay bulacağı alanlarda kendini ifade etmeye çalışıyorlar. Sen de eşinle yaşaman gereken cinsel ilişkide arzulamanı ve arzulanmanı sanki toplum tarafından onaylanmayan bir davranışmış ayıpmış gibi bastırdın. Bunu zaman zaman paraya, zaman zaman güce, zaman zaman da başarıya yansıtıp dönüştürmeye çalışsan da onu da yapamadın. Dönüştüremedin ve sıkışıp kaldın. Ne ilişkindeki cinsellik her şeyi gölge altında bırakmalı ne de her şeyin gölgesi altında kalmalı. Yine gördüğün gibi denge çok önemli. Bir insanın kendi eşiyle cinsellik ihtiyacını gidermesinden daha doğal ne olabilir Vaveyla? Aşk sana gelmeye karar vermiş bile görmüyor musun Vaveyla ve buna kim engel olabilir ki? Unutma güven duygusuna dayalı ilişkilerde kişiler her şeyi ilk kez yaşıyormuş gibi heyecanlı ve meraklı olurlar! Güven ki güvensin, sev ki sevsin, olduğu gibi kabul et ki o da seni olduğun gibi kabul etsin Vaveyla! Aşkını, ilişkini, evini emekle yoğurmadan yuvaya dönüştüremezsin!

Dördüncüsü yaranma süreci: İlişkilerinde bu sürece girdiğinde, karşındakinin sevgisini kazanmak için sürekli özveri gösteriyorsun. Kendini her zaman ikinci plana atarak, kendini karşındakine adıyorsun. Ancak bu, hayal kırıklığı yaşadığında, çoğu zaman yaptığın iyilikleri karşındakinin yüzüne vurma şeklinde oluyor. "Senin için yaptıklarımın değerini bilmedin!" "Ben kendimi senin için feda ettim!" gibi mesajlar, örtülü iletişim içinde yer alır. Bunu yapmanın sebebi de minnet duyulmak ve takdir edilmek istemendendir. Çünkü senin yaptıkların karşısında insanlar sürekli teşekkür etmek zorunda kalıyor. Buradaki örtülü iletişim mesajın, "Sen bana aitsin!"dir. Bu sana erken çocukluk döneminde, zaman zaman, "Ancak yararlı olursan sevilebilirsin!" mesajının verilmesinden kaynaklanmaktadır. Sen de ancak karşındaki için yararlı olursan ve işe yarayan bir şey yaparsan değerli bulunacağını, sevileceğini, hatta ancak o durumda hayatta kalacağın mesajını öğrendin! Şimdi yaşamında ve ilişkilerinde yaşadığın sıkıntıların sebeplerini çok daha iyi görebildiğini düşünüyorum.

VAVEYLA: Çok acı çektim, çok üzüldüm ama sanırım mutluluğu hak ettim. Öyle değil mi?

LOGOS: Sen mutlu olabilmek adına çok bedel ödedin. Bundan sonra yaşamdan en çok istediğin şeyin gerçekten senin için en iyisinin olup olmadığına emin olmalısın. Çünkü yüreğindeki inanç mucizeyi gerçekleştirir.

VAVEYLA: Kendime, diğerlerine ve yaşama çıplak gözle bakmayı ilk kez senin sayende öğrendim. Yaşamın gerçek renklerinin çok daha parlak, canlı ve güzel olduğunu gördüm. Artık yüreğimle yaşam arasına hiçbir şeyin girmesine izin vermeyeceğim. Görmezden geldiğim ihmal ettiğim ne kadar güzel şeyler varmış! Seninle tanışmak! Asıl mucize bu galiba. Seninle olan bu deneyimimi asla ama asla unutmayacağım...

LOGOS: Büyük, renkli, diri coşkulu ve görkemli hayaller, ancak onları taşıyabilecek benliklerde var olabilirler!

VAVEYLA: İçinde bulunduğum ana yargısızca odaklanmayı ve o anda ne meydana geliyorsa kabul etmeyi seçiyorum. Başıma gelenlere karşı tepki vermek yerine hissederek farkındalıkla yürüyorum...

İyi ki kesişti seninle yolumuz Logos! Bu yaşadığım tarifsiz bir mutluluk. Bana güvenmen inanman çok gurur verici. Umarım bana emanet ettiğin bu görkemli kanatların hakkını veririm!...

LOGOS: Dünyayı artık ona ilişkin her türlü bayat algının, her türlü önyargının dışında görebileceğine inanıyorum. Basmakalıp düşüncelerinden tamamen kurtulman elbette kolay olmadı ama bu kalıplardan kendi gücünle kurtuldun. Doğadaki varlıkları daha önceden hiç düşlemediğin şekilde düşleyecek ve yepyeni güzellikleri görmeye başlayacaksın. Artık senin için sadece pencereden dışarıya bakmak bile heyecan verici bir serüvene dönüşecek.

Gözlerini kapat ve bu söylediğimi yüreğinde hisset: Yolun ucunun nereye varacağını düşünmek yerine sadece atacağın ilk adımı düşünmekle yükümlüsün. Gerisi zaten kendiliğinden gelir. İçindeki umudu taze tutarsan geçmiş günlerin daha iyi olduğuna dair evrensel bir bilgiyi de yıkmış olursun. Umudun bol olsun Vaveyla!

VAVEYLA: Var olan her şeyde yaratıcının bir gizemi olduğunu artık görebiliyorum. Bir kelebeğin uçuşunda, bir balığın yüzüşünde bu sınırsız gizemin gücünü artık çözebiliyorum. Bu büyük yaşam sırrıyla ancak ruhumda birleşebileceğimi öğrendim.

LOGOS: Ruhun Yaradan tarafından yaratılmakla birlikte, daha sonra sana bağımsızlık ve kendini yönetme isteğin yüzünden gerçek nesneler dünyasından duyusal nesneler dünyasına gönderilmiştir. Bu acıdan kurtulman için ruhunu tekrar Yaradan'a döndürecek iki şey vardır. Bunlardan biri üretip bir şeyler yaratman diğeri ise aşktır. Mutluluğa ve içsel huzura ancak bu şekilde ulaşabileceksin. Âşık ol Vaveyla âşık ol, âşık ol, âşık ol! Aşkını her daim yüreğinde sıcacık tut.

VAVEYLA: Sanırım artık duygularımı hissedebiliyorum. Bu söylediklerin beni inanılmaz duygulandırdı. Sanki içimdeki bir güç bir coşku nasıl anlatayım? Farklı bir duygu hissettim. Adeta içimde başka bir benin var olduğunu, aşkın gücünü hissediyorum.

LOGOS: Evet bu benim sesimi artık içselleştirmeye başladığımın bir göstergesi. Bazı anlarda benim sesimi, varlığımı olduğumdan daha da farklı ve güçlü hissedeceksin. Bu hayatında mucizenin sen olduğunu hissettiğin anlar olacak. Mucizenin sesi adeta sihirlidir. Onu duyabilirsen, buna izin verirsen hayatındaki pek çok imkânsız görülen hayalini gerçekleştirebilirsin.

VAVEYLA: Ooo bu anlattıkların çok gizemli. Bana bundan biraz daha bahseder misin?

LOGOS: Hayatında gerçekleşmesi imkânsız dediğin hayallerine ulaşmanın yollarını öğrenmek için sabırsızlanıyorsun bakıyorum.

VAVEYLA: Evet hem de çok.

LOGOS: Kendine izin verirsen başına gelecekleri yani tarihinde olabilecekleri hissedebilirsin. Bunlar sana düşünceler olarak hissettirilecek. Bu düşünceler normal düşüncelere benzeseler de aralarında büyük bir fark var. Ama normal bilinçli beynin bunu algılayamaz. Ancak sen kendine izin verdin mi bu mucizeler gelirler ve seni buluverirler.

Şimdi ben sana mucizeleri hayatına çağırma yöntemlerini anlatacağım. Artık buna hazır olduğuna inanıyorum. Çünkü mucizeler sadece sen onları duymaya ve görmeye hazır olduğunda seni ziyaret ederler.

VAVEYLA: Anladım. Yani seninle ilk tanıştığımızda benim zihnim tüm ruhumu, yüreğimi, bedenimi ele geçirmişti. Bu yüzden öncelikle sen bu süreçte beni zihnimin cehenneminden kurtardın. Yaşamda mutlu ve başarılı olabilmem için seninle nasıl iletişim kurmam gerektiğini öğrettin. Bana şifrelerimi çözdürdün. Benim frekansımı yükselttin, şimdi ise mucizeleri hayatıma davet etmeyi öğretmek istiyorsun.

LOGOS: Yaşamda iki tane enerji vardır. Bunlar korku ve sevgi enerjisidir. Gri alan yoktur. Koşulsuz sevginin olmadığı her yerde korku hâkimdir. Korku inanç eksikliğinden, şüphe ve inkâra kadar içerisinde birçok şey barındırır. Sende bunların hepsi mevcuttu.

Yaşam enerji ile işler. Yaşamda işleyen enerji ise sadece sevgi enerjisidir. Mucizelerinin gerçekleşmesi senin de ancak sevgi frekansında olman ile mümkündür. Yani yaşamla aynı frekansa gelmen gerekiyordu. Bunun için korku enerjisinden arınıp koşulsuz saf sevgiyi yüreğinde hissedebilmelisin. Kısaca mucizenin kendisi olabilmen ve mucizelere izin verebilmen için koşulsuz sevginin kendisi haline gelmen gerekiyordu. Sen artık korku enerjisinden sevgi enerjisine dönüşmüş, frekansını yükseltmiş durumdasın. Şimdi bunu biraz daha yükseltmek için çok seveceğin muhteşem bir çalışma yaptıracağım sana.

Hadi şimdi ağzından yavaşça alacağın nefesi yine ağzından yavaşça bir mumu üfler gibi ver. Aynada gözlerinin içine derin derin bakarak "Sen ve ben biriz!" kelimelerini birkaç dakika tekrar et... Şimdi en sevdiğin kuş olmanı ve kocaman bir okyanusun üzerinde kanat çırparak uçtuğunu imgelemeni istiyorum... Özgür... canlı... kanatların ya da tüylerin varmış gibi hisset. Şu anda... hayal et... hayal et ne kadar güzel ve hoş bir hafiflik içinde olduğunu... o kadar hafifsin ki sanki uçma gücün var... belki ellerini kanat gibi yana açıyorsun... sadece kendi zihnini serbestleştir... zihninde uçuşunu yarat... ve okyanusun üstünde özgürce, canlılıkla ve tamamen huzur içinde kendini süzülmeye bırak... süzül... süzül. İzle sudaki yansımanı izle. Sudaki yansıman seninle birlikte geliyor. Ne su gölgeni sahipleniyor ne de gölgen suyu. İkiniz birlikte aynı anda akıp geçiyorsunuz. Sanki birlikte hareket etmenizi sağlayan güçlü çok güçlü bir mıknatıs var aranızda. Her aldığın nefesle her çırptığın kanatla ruhun daha da yükseliyor. Verdiğin her nefesle sakinliğin daha da artıyor... daha da güçleniyor... tependen tırnağına doğru yayılıyor... başından ayak uçlarına kadar... dışarıdan içeri... içeriden dışarı... sana bir okyanusun sakinliğini getiriyor... bu doğru... bir okyanusun sakinliği... ve bu sürdükçe huzur ve sakinlik... dinginlik... seni kaplıyor... içeriden dışarı... dışarıdan içeri... ve bedeninle zihnin bir bütün oluşturuyor... bir uyum yakalıyor... içsel bir uyum... huzurun ve dinginliğin uyumu... işte tam böyle... tam da böyle... ve sen burada aynada gözlerinin derinliğinde Yaradan'la bir olup okyanusta eriyip kaybolduğunda içindeki güç harekete geçmeye başlıyor... senin bilinçaltında merkezi bir güç bu... mantıklı, sakin... toplanmış ve gevşemiş... zeki ve ne yaptığını bilen... senin iyileşmeni, bir bütün insan olmanı isteyen, hayal ettiğin gibi bir insan olmanı isteyen bir güç... bir öz...

Eğer yukarıya gökyüzüne bakarsan uçan başka insanlar göreceksin... onların orada yukarıda ne kadar mutlu ve özgür olduklarını görüyor musun? Burada yerdeki eski alışkanlıklarından kurtulmuş uçup duruyorlar... onların mutluluklarını sen de hissedebilirsin... seslerini işitebilirsin... gökyüzüne doğru kahkahalarının seslerini... tüm zincirlerden kurtulmuş... ve sen hangi derecede ne kadar arzuyla serbest ve özgür olmak istiyorsan fiziksel olarak da zincirleri salmaya başlayacaksın... basitçe kendine söz vermen yeterli... seni sınırlayan inançlarından ayrılma sözünü vermen... serbest bırak eski alışkanlıkları Vaveyla! Hadi serbest bırak zincirleri... serbest bırak seni incitenleri... ve özgür ol Vaveyla özgür ol! Serbest bırak acılar gitsinler... ve uç... serbest bırak diğer insanların acılarını... serbest bırak diğer insanların sorumluluklarını... sorunlarını... özgür ol. Özgürleştikçe Yaradan'a yaklaşacak, özgürleştikçe Yaradan'ın gücünü içinde daha çok hissedeceksin. Hadi şimdi kendinle bir kontrat imzalamanı ve kendine söz vermeni istiyorum. Şimdi derin bir nefes al ve bu nefesinle Yaradan'ın gücünden, enerjisinden içine çek. Hadi biraz daha çek... çek... çek. Harikasın işte aynen böyle. Bu öylesine güçlü bir nefes ki bu nefesle içindeki gücü daha da daha da büyütüp kocaman bir mıknatıs haline getiriyor. Bu mıknatıs bolluk ve bereketin mıknatısı. İhtiyacın olan her şey, tüm güç onda var. Bundan sonra yapman gereken tek şey aldığın her nefesle Yaradan'ın gücünden gelen bu mıknatısın her zaman seni korumak üzere içinde seninle birlikte olduğunu ve yalnız olmadığını kendine hatırlatmak. Şimdi özgürleşmiş, tüm yüklerinden arınmış, yeniden doğmuş bir şekilde yavaşça alçaldığını düşün. Alçal... alçal... alçal... Şimdi ve buradayım telkinini hızlıca kendine söyleyerek derin bir nefes daha al ve hızlıca ver. Kendine sarıl ve "Ben çok güçlüyüm, kendimi çok seviyorum, iyi ki varım de.

VAVEYLA: Vay canına, of bu da neydi böyle! Acayip çok acayip bir şeydi. Daha önceden hiç böyle bir şey deneyimlememiştim. Söylediğin gibi frekansımın yükseldiğini ve yüreğimdeki sevginin gücünü, hepsini hissediyorum.

Şu anda adeta kalbim yerinden fırlayıp çıkıp gidecekmiş gibi çarpıyor. Bunu sen de hissediyorsun öyle değil mi? Sanırım şimdiye kadar bana tüm anlattıkların ve uygulattıklarının içerisinde en çarpıcı olan buydu. Peki lütfen doğru söyle, biraz önce söylediğin gibi ben de gerçekten mucizeleri görebilecek miyim? Gerçekten doğru söyle lütfen! Gerçekten de mucizeleri ben de hayatıma davet edebilecek miyim? Onları görebilecek miyim Logos?

LOGOS: Artık hayatında mucizeleri deneyimlemeni istiyorum. Mucizenin tam ona ihtiyaç duyduğun anda ortaya çıkacağını bilmelisin. Yaşamda olup biten her şeyi anlayıp açıklayamayız. Aklımızın ermediği yerde tesadüf deriz. Yaradan tarafından yaratılan her şey iletişim ve etkileşim örüntüsüyle birbirine bağlıdır. Yani yaşamda bütünsellik söz konusudur. Bizler beş duyumuzla bu etkileşimi bütünselliği algılayacak durumda olmadığımız için bir olayın nedensellik yönünü göremiyoruz. Hayatta rasgelelilik, gelişigüzellik, keyfilik, hesapsızlık söz konusu olamaz. Her şey Yaradan'ın irade yasalarına bağlıdır. Bilimadamları tarafından eşzamanlılık olarak tanımlanan bu kurama göre; olup biten her şey sadece nedensellik ilkeleriyle değil, "anlamlı çapraz bağlantılar" yoluyla da birbirine bağlıdır. Normalde mantıkla yan yana gelemeyecek olaylar sanki aralarında kestirme yollar varmış gibi "anlamlı çapraz bağlantılar" yoluyla ortaya çıkıverir. Bu yüzden bir kapı açılmıyorsa sana uygun değildir denir. Anlıyor musun şimdi? Görmek istediğin şey için Yaradan'ın gücünü hissedip niyet etmelisin. Çünkü; niyet her şeyin başlangıç noktasıdır. Dikkat etmen gereken en önemli nokta isteğin şeyin gerçekleşeceği değil, inandığın şeyin gerçekleşeceğidir! Neye inandığına dikkat et! Gerçekten neye inandığını bulmak istiyorsan önce aynada gözlerinin içinde kaybol, sonra da zihninden geçen düşünceleri yaz. Bu süreçte sabırlı olmanın bazen mucize dersinin en önemli ödevi olduğunu kendine sık sık hatırlatmayı da sakın unutma.

Az kalsın unutuyordum, mucizelere ulaşman için ne yapman, hangi yoldan gitmen, kiminle ilerlemen gibi soruların cevabını bulmak için şimdi anlatacaklarımı uygulayabilirsin: Karşında bir aynada "Benim Mucizem" yazdığını düşün. Derin bir nefes al, nefesini tut ve gözlerinin içine bakarak seninle ben biriz, seninle ben biriz, seninle be biriz şeklinde bu kelimeleri tekrar ederek benimle, dolayısıyla evrenle bağ kur. Hangi sorunun cevabını bulmak istiyorsan sor. Daha sonra tekrar derin bir şekilde aldığın nefesini tut ve "Benim Mucizem" kelimelerinin arasındaki sadece boşluğa bak ve buraya odaklan. Bu şekilde birkaç dakika bekle. Cevaplar sana mutlaka ulaşacaktır! Ne yapacağını bilemediğin, yolunu kaybettiğini düşündüğün, kararsız kaldığın her anında bu güçlü çalışmayı uygulayabilirsin.

VAVEYLA: Peki bu mucizelerle ilgili önsezilerimi diğer düşüncelerden tam olarak nasıl ayırt edeceğim? Lütfen bununla ilgili bana ayrıntılı net bilgi verir misin?

LOGOS: Merak etme, sen bana "Logos" diye seslenip benimle iletişime geçtin mi, ben sana gerçekleşecek olan hayallerini gönderecek olan içsel kılavuzunla bağ kurmanı sağlayacağım. Belki yatmadan önce, belki rüyalarında, belki yürüyüş yaparken, belki müzik dinlerken, ama mutlaka duyuracağım veya göstereceğim.

Gerçekleşecek olan mucizeler ile ilgili olan düşünceler diğer düşüncelerinden çok farklıdır. Onları sen uydurmazsın. Mucizelerle ilgili düşünceler ve sesler sanki dışarıdan bir yerden gelir gibi beyninin içinde beliriverirler. Duyduğun ses kendine ait değildir sanki. Buna aynı zamanda fiziksel birtakım tepkiler eşlik eder. Kan basıncın yükselir, nefesin hızlanır, kalbin daha hızlı çarpmaya başlar, ani bir heyecan duyarsın. Kısaca içsel kılavuzun kısa süreliğine kaderine götürüp getiriverir. Neye uğradığına şaşarsın. Bu sesin farklı olduğunu hissedersin ve sana gelecekte neler olacağını bir anda söyleyiverir. Sihirli olan bu sesi duyduğunda kalbin adeta yerinden fırlayacakmış gibi atmaya başlar. İnsanlar yıllarca mucizenin sesini yüreklerinde aradılar ve bu yüzden yakalayamadılar. Oysa mucizelerin sesini ancak zihninde akılcı yönün sayesinde yani benim sayemde duyabilirsin. Sanırım şimdi biraz egomu şişirebilirim ne dersin?... ☺

Sen mucizeleri gerçekleştirmek için Yaradan'ın gücüyle hareket ediyorsun. Sen de Yaradan'dan sana armağan edilen görme, duyma ve hissetme gücüne sahipsin. Kendi gerçekliğini dönüştürmen için tam şimdi şu anda mevcut olan sorumluluğunu almalısın. İstediğin bir şeyi elde etmek için de etmemek için de kullandığın güç aynıdır. Sadece gücünü farklı şekilde kullanmış olacaksın.

VAVEYLA: Söylemek istediklerini çok iyi anlıyorum. Bir çörekotunun çiçeklerindeki muhteşemliğin gizem, kedinin kuyruğunun tam da olması gereken uzunlukta olması, ağustosböceklerinin yılmadan ötmeleri, arının belli bazı çiçekleri tozlaması ve diğerlerini tozlamaması, bu işin bir arı tarafından belirli süreçlerde yapılması sarsılmaz bir zorunluluğun meydana getirdiği olgulardır. Doğada yadsınamaz bir belirlenim söz konusudur.

Seninle tanışmadan önce bir şeye ancak gördüğüm zaman inanırdım. Oysaki şimdi: İnandığım zaman ancak görebileceğimi düşünüyorum. Ben neye inanırsam onu görüyorum! Bir şeyi gönülden samimiyetle istersem o şey benim ihtiyacımdır ve ben bunun farkındayımdır. Farkındaysam o istediğim şeyi gerçekleştirmeye yarayacak kaynakları diğerlerinin arasından görebilir, seçebilir ve ayırabilirim. Sonra da tüm potansiyelimi koyarak ve tüm sorumluluğumu alarak hayalimi ellerimle tutabilirim.

Şimdi yeryüzündeki tüm Vaveyla'lara coşkuyla sesleniyorum.

Her insan akılcı yönünü harekete geçirecek içsel kılavuzunu yüreğinde barındırır. Her biriniz farklı mucize beklentileri içindesiniz. Yaşamınızda meydana gelecek bazı açılımları mucize olarak sınırlamak yerine mucizenin kendisi olmayı seçebilirsiniz! Her biriniz doğuştan getirdiğiniz akılcı yönünüzle bağ kurup, frekansınızı yükseltip, hayalinizdeki yaşamı deneyimleyebilirsiniz. Ben mucizenin kendisi olmayı seçiyorum. Peki ya sen Vaveyla? Korkma hadi Vaveyla korkma! Zihnin sana oyun oynuyor! Çık zihninin karanlık odalarından! Yüzleş Vaveyla, acınla, korkunla yüzleş! Acın seni zirveye çıkaracak ve zirvede ruhun güneşe kavuşacak! Acın sana sunulmuş bir armağan ve sen bu acıdan dönüşerek yeniden doğacaksın.

Ruhunun karanlık odalarından korkma! Bu odalardan henüz açılmamış ve güle dönüşmeyi bekleyen bir tomurcuk seni bekliyor!

Kendi yolunu takip etmekten ve bağımsız düşünmekten korkma!

İyi insan olmaya değil doğal ve samimi olmaya çalış!

Duygularını, öfkeni içine atma, gerekirse haykır!

Sana kötü davranılmasına sakın izin verme!

İnancını daima koru!

Yapmak istediğin şeyler için daha fazla zaman ayır!

Dünyaya olan ilgini artır!

Hayatı rahat ve akışına bırak. Her şeyi kontrol etmeye çalışma!

Var olmanın derin hazzını hisset tüm hücrelerinde. Belki sen de kelebeğe dönüşür uçarsın ve tanışırsın yaşamın en güzel en renkli çiçekleriyle!

Sıkıntı dönemlerinde akılcı yönün olgunlaşmış bir meyve gibi kucağına düştüğünde kötü saatlerin için onun sana bir umut ve teselli ışığı yaktığını hatırla. Hiçbir ışık hayatında tesadüfen belirmez. Karanlığını ancak ışık aydınlatabileceği için seni ziyaret eder!

Sakın hayatını kimseye çaldırma! O tuhaf neşe seni bir dalga gibi alacak ve uzaklara götürecek. Bu neşeyi tadan kendisini unutur ve Vaveyla insanın kendisini unutmasından daha tatlı bir şey de yoktur bu dünyada!

Şeytanla konuşmak gibi ender bir fırsat yakalarsan onunla bütün ciddiyetinle yüzleşmeyi unutma. Sonuçta o senin şeytanın Vaveyla ve o seni baştan çıkarır ve istemediğin yerde yoluna taş koyar. Şeytanı ciddiye alman onun tarafına geçtiğini göstermez. Bu aranızda anlaşma yapmak demektir. Böylece şeytan zeminini ve gücünü yitirmiş olur. Onu görmezden gelip bastırmaya çalışırsan sadece daha da büyütmüş olursun. Onun alanında olan bir konu ile yüzleşip bunun farkına vardığını ona söylersen onu sarsarsın ve tüm ciddiyetini bozarsın. Şeytan yakalanırsa aptala döner ve bir tane daha aptal bir şeytana ihtiyacın olmayacaktır. Öyle değil mi? Böylece şeytan tüm gücünü kaybedecek, akılcı yönün sana yaşam şifrelerini sunacak ve sen baharda yeşeren neşeli bir ağaç olacaksın!

Ve yeryüzündeki tüm Vaveyla'lar! Siz akılcı yönünüzü harekete geçirip, birbirinizin kardeşi olduğunuzu anladığınızda dünyaya tüm renkleri ve coşkusuyla bahar gelecek!

LOGOS: Yeryüzündeki tüm Vaveyla'lar! Sizler de Vaveyla gibi kelebeğe dönüşüp yaşamın en güzel renkli çiçekleriyle tanışmak isterseniz tüm bu bilgileri içselleştirmekle birlikte şimdi anlatacağım "Yaşam Terapisi"ni mutluluğun anahtarı olarak kullanabilirsiniz. Asıl mucize sizsiniz! Mucize sizde! Kendi kendinizin terapisti olmaya hazır mısınız? Artık yalnız olmadığınızı Yaradan'ın her zaman sizinle olduğunu ve sizi koruduğunu biliyorsunuz. Artık başınızı hep yukarıda tutmalısınız çünkü iyi şeyler geleceğini de biliyorsunuz. Sınırlı düşünceleri yıkmaya, ruhunuzu ve aklınızı özgürleştirmeye hazır mısınız? Kaçmak özgürlük ve kurtuluş değildir. Hadi o zaman tamamlanmaya, kendiniz olmaya, hak ettiğiniz ilişkiyi ve hayatı yaşamaya aşağıdaki çalışmaları yaparak başlayabilirsiniz...☺ Unutmayın yaşam terapisi sayesinde kendi içinizdeki kötülüğü ve diğerindeki iyiliği kabul ederek içsel huzuru yakalayacaksınız. Şimdiye kadar evrende yaşanan hiçbir, ses olay ve duygu kaybolmadı ve kaybolmayacak da. Tıpkı uçaklarda olan kara kutu gibi evrende de bir kolektif bilinç mevcuttur. Burada insanlık var olduğu sürece yaşanan her şey silinmemek üzere adeta kaydedilir. Bu yüzden dünyadaki yaşanmış her şey bizim de zihnimizde izlerini taşımaktadır. Evrende var olan her yön yani iyilik kötülük, güzellik çirkinlik, zenginlik fakirlik gibi içimizde de mevcuttur. Her bir damlada suyun tüm özelliklerinin bulunması gibi Allah ilahi düzeni mükemmel bir zekâyla ve uyumla yaratmıştır. Her bir hücreniz bu ilahi düzenin tüm tekâmülünün tarihini taşır. İşte sizler ancak bu ilahi düzende var olan tüm yönlerinizi kabul edip sahiplendikçe hem içinizdeki hem de dışınızdaki savaşı durduracaksınız. Sahiplenip kabul etmeniz durumunda artık bu tarz olaylara yönelmeyeceksiniz. Çünkü kabul etmediğiniz her bir yanınız gölgeniz olarak daha da büyüyecek ve sahiplenmediğinizde kendisini size göstermek için maddeleşip karşınıza çıkacaktır. İlahi düzende her bir veçhenizi (yönünüzü) kabul edip sahiplendikçe, bütüne hizmet edecek olanı seçip deneyimledikçe tekâmülünüze en iyi şekilde hizmet etmiş olacaksınız. Bunu anlamanın en güzel yolu insan ilişkileridir. İnsan ilişkileri olmadan insan ne kendisini tanıyabilir ne de iyileştirebilir. İçinizde bir mıknatıs olduğunu düşünün. Normal bir mıknatıs nasıl demire karşı titreşir ve kendisine çekmek üzere harekete geçerse sizlerin içerisindeki mıknatıs da iki durum karşısında titreşip kendisine çekmek üzere harekete geçiyor. Birincisi öfkelendiğiniz, yargıladığınız, eleştirdiğiniz kişilere dikkat edin; bunlar sizlerin iyileşmeniz için sizlere hizmet edecek öğretmenleriniz olabilir. Bu yüzden içinizdeki mıknatıs size hizmet etmek üzere harekete geçiyor ve titreşiyordur. Bunlar kendinizde kabul etmediğiniz bilinçaltınıza attığınız karanlık gölgeleriniz. Nefret, kin, öfke, kaba, sıkıcı, kötümser, kapalı, aptal, çirkin olmak gibi. Siz bu yönlerinizi kabul etmediğiniz sürece karşınızdaki kişiler size bu yönde ayna gibi yansıma yapmak üzere hep hayatınıza girecek. Ta ki siz bunu kabul edip sahiplenene kadar. Merak etmeyin zihniniz bu durumu bir kez fark edip yakaladı mı bir daha tekrarlamayacak. Amacınız nötr kalabilmek olmalı. Şöyle düşünün, yolda tüküren bir kişiye sinirlenip bağırıyorsanız bu ve benzeri davranışları ya siz de yapıyorsunuzdur, ya yapmışsınızdır ya da yapma potansiyeline sahipsinizdir. Evet belki şimdiki bu koşullar altında asla yola tükürmem diyorsunuz fakat koşullarınız değiştiğinde evet tükürebilirim diyebilirsiniz. Örneğin bir kişi beyninize silahı dayayıp ya yere tükürürsün ya da tüm dünyayı yok ederim dese ne yaparsınız? Bu yüzden yargıladığınız eleştirdiğiniz insanların davranışlarına lütfen dikkat edin. Bunlar sizin tamamlanabilmeniz için birer mesaj olabilirler! Mıknatısın harekete geçtiği ikinci durum ise ışığınızın parlaması içindir. Şimdi sizlere ilginç bir şey söyleyeceğim. Sizlerin asıl en derin korkunuz yetersiz olmak değil. En derin korkunuz büyülü bir şekilde güçlü olmak ve ışığınızın parlamasına izin vermenizdir. Karanlığınızdan çok ışığınızdan korkuyorsunuz, yeryüzünün tüm Vaveyla'ları korkmayın. Işığınıza sahip çıkın. Diğerleri yanınızda kendilerini iyi hissetsinler diye yıllarca ezilip büzüldünüz, sindiniz, ışığınızı sakladınız. Ancak içinizdeki mıknatıs daima işbaşındaydı. O başarılı, zengin, görkemli, alımlı, çekici birilerini gördüğünüzde bu ışık sende de var diye hep sizi heyecanlandırdı. İçiniz adeta pır pır oldu. Yani seni imrendiren, heyecanlandıran diğerlerindeki tüm olumlu potansiyeller sende de var. Ünlü bir oyuncuyu izlerken herkes heyecanlanmaz, içindeki mıknatıs harekete geçmez. Senin geçiyorsa bu "Ünlü olma potansiyeli sende de var, potansiyeline sahip çık!" mesajı ile ayna görevi yapıyor. Ünlü bir futbolcu, ünlü bir bilimadamı, iyi bir yazar, zengin bir patron, başarılı bir öğretmen, idealist bir doktor, işini iyi yapan bir kuaför vb. hangisini gördüğünde içinde kelebekler uçuştuğunu heyecanlandığını hissediyorsan ışığına yani bu potansiyeline sahip çık! Aynı güç sende de var. Gölgeni başkalarına yansıtmaktan vazgeç, sahiplen, harekete geç ve deneyimlemek için elinden geleni yap. Olmak istediğin insan senin içinde buna inan! Kendini daha iyi yapma bağımlısı ol ve asla vazgeçme. İhtiyacın olan kişi sen ol! Tekâmül yolculuğunuz boyunca yaşam felsefeniz; karşınıza çıkan kişilerin size aynalık yaptığı bilinci ile kendinizdeki kötülüğe diğerindeki iyiliğe sahip çıkmak olmalıdır. Bu yönlere sahip çıkıp bütüne hizmet edecek en iyi davranışı seçtiğinizde işte tamamlanacak ve hak ettiğiniz ilişkiyi ve hayatı yaşayacaksınız. Pekâlâ bunu nasıl yapacağınıza dair çok heyecanlandığınızı ve bir an önce teknikleri öğrenmek istediğinizi biliyorum. Hadi geçelim o halde yeryüzünün tüm güzel Vaveyla'ları:

1) Hayatta en çok korktuğun şey ne?

2) Diğerlerinin seninle ilgili en çok neyi keşfetmesinden korkuyorsun?

3) Sen kendinle ilgili en çok neyi keşfetmekten korkuyorsun?

4) Kendine şimdiye kadar söylediğin en büyük yalan nedir?

5) Şimdiye kadar diğerlerine söylediğin en büyük yalan nedir?

6) Şimdi aynanın karşısına geç, ağzından yavaşça aldığın nefesi yine ağzından yavaşça tıpkı bir mumu üfler gibi ver. Bu çalışmayı 10 kez tekrarla. Daha sonra aynada gözlerinin içerisine bakıp "Sen ve ben biriz!" cümlesini birkaç kez tekrar et. Şimdi gözlerini kapat ve nefesine odaklan. Bir otobüsün geldiğini ve bu otobüsün seni Boğaz'da muhteşem bir yalıya götürdüğünü düşün. Bu yalının içerisinde sayısız oda var. Her oda içerisinde senin için bir armağan saklıyor. Bu her oda aslında senin bir yönünü temsil ediyor. Hem aydınlık hem de karanlık yönlerinden. Sen çocukken bu yalının her bir odasında utanmadan, çekinmeden, istediğin gibi korkmadan dolaşıyordun. Sonra birileri geldi bu özgürce dolaştığın odalara artık ayıp olduğunu veya yasak olduğunu söyleyerek girmemelisin dedi. Kilitlemeni ve asla bir daha girmemeni söyledi. Sen de sevilmek istediğin için dışlanmaktan, reddedilmekten korktun, panikledin ve hemen kilitledin. Kilitlenen odalarının sayısı giderek arttı ve sen sınırlı odalarda dolaşmaya mahkûm edildin. Hatta potansiyellerinin olduğu ışığın olduğu odalar bile kapatıldı ve sen kısırdöngü yaşamaya başladın. Bu veçhelerini öylesine sıkı kapatıp bilincinin en derinlerine sakladın ki bunları ancak hayatına giren kişilerin sana ayna görevi yapıp yansıtması ile yakalayabilirsin. (Diğerlerinin davranışlarına öfkelenmen, yargılaman veya heyecanlanıp imrenip kendi büyüklüğünü/potansiyelini onlarda görmen şeklinde.) İşte sen bu odalarda kapattığın ve unuttuğun veçhelerini sana geri yansıtacak kişileri ve şeyleri hayatına çektin. Bu odaları açtıkça bütünleşecek yani tamamlanacaksın. Şimdi bu odaların kapılarını teker teker açacağız, oradaki armağanları toplayacağız ve sen tamamlanacaksın. Kötü diye kapılarını kapatıp sakladığın odalarda bile armağanlar var, unutma!

Sen dünyaya gelirken alnında "Hayatta kal" cümlesi ile geldin. Bu yüzden yaptığın her davranışı kendini bir şeylerden korumak için yaptın. Şimdi çalışmamıza geri dönelim ve otobüsün seni getirdiği yalının en karanlık odalarına girmeni istiyorum. Burası senin hayal edebileceğin en kötü yer. Burada hoşlanmadığın tüm hayvanlar, canlılar, bitkiler, insanlar mevcut. Burası pis ve kasvetli bir yer. Zihninde yaratabileceğin en kötü koşulları yaratmanı istiyorum. Buradaki her bir odanın köşesinde kendinin en düşük formunu hayal etmeni istiyorum. Kötü diye kapattığın tüm kapıları aç ve gör gördüklerini, duy duyduklarını ve hisset hissettiklerini. En kötünün senin zihninde görüntülenmesine izin ver. Kendinle ilgili kötü olan her şeyi hisset. Bakmaktan en çok utandığın en karanlık yönlerine bak. Şimdi gözlerini aç ve gördüğün bu en kötü seni defterine en az 10 dakika boyunca yazarak tanımla. Karamsarım, beceriksizim, aptalım, kötüyüm, yalancıyım vb. şeklinde neler hissettiysen. Şimdi beni çok iyi dinlemelisin. Tamamen özgür olabilmek ve tamamlanabilmek için içindeki tüm odaları açıp kucaklamalısın. Başka insanlarda gördüğünde rahatsız olduğun tüm nitelikleri sahiplenip benimsemelisin. Bunun için defterine yazdığın tüm tanımlamaları "Ben oyum" diye aynada gözünün içine bakarak kabul etmeni istiyorum. Bunun senin için ne kadar zor olduğunu biliyorum ama inan bu senin özgürlüğünün anahtarı. Ben karamsarım, ben beceriksizim. Ben aptalım. Ben tembelim gibi. Unutma belki şimdi sen de kendini tembel hissetmiyorsun ama mesai arkadaşın uykusuz kaldığı için veya yorgun olduğu için ona verilen görevi yapmıyorsa ona içinden veya dışından hiç fark etmez tembel diye öfkelenip yargılıyorsan unutma ki bir gün sen de tembellik yapma potansiyeline sahip olduğun içindir. Senin de hasta olduğun veya moralinin bozuk olduğu bir günde tembellik yapmama garantini kim verebilir ki? Senin de yorgun olup tembellik yaptığın zamanların mutlaka bir armağanı vardır unutma! Bunu bul ve al. Kendi içindeki tembellik potansiyelini kabul etmezsen sürekli tembel diye tanımladığın insanlara çekilir ve öfkelenir durursun. Veya kaba veya şiddet yanlısı veya cimri? Bu yüzden maskeni çıkarıp gölgene sahip çıkmalısın. Unutma diğer insanlar bu maskelerini çıkarmana yardım etmek için varlar. "Ben oyum" çalışması çok güçlü bir çalışmadır. Bu çalışmayı yaptığın andan itibaren bu kişilere karşı nötr kalacak ve inanılmaz rahatlayacaksın. Hatta tam öfkeleneceğin sırada "Aaaaa... Buna benzer davranışı şurada ben de yapıyordum" diye kendine kahkahalarla güleceksin.

Şimdi ikinci aşama olarak tekrar aynanın karşısına geçip derin nefesler alıp verip "Sen ve ben biriz!" cümlelerini tekrar ettikten sonra gözlerini kapatmanı istiyorum. Şimdi bu yalının en görkemli, en güzel, en ışıklı diye gösterişinden korkup kapattığın odalarının kapısını açmanı istiyorum. Bu odalarda görmek istediğin sevdiğin her şey bol bol var. Bu odaların kapılarını tek tek aç ve odaların içerisinde ışığın gücünden korkmuş ve sinmiş senin en iyi versiyonunu hayal et. Temiz, iyimser, kararlı, zengin, çekici, gösterişli, yaşam dolu, sıcak, yaratıcı vb. Şimdi gözlerini aç ve yine en az 10 dakika bu kendinle ilgili tanımları defterine yaz. Sonra yine aynanın karşısına geç ve "Ben oyum" çalışmasını bu kez olumlu yani aydınlık yönlerin için yap. Ben yaratıcıyım, ben zenginim, ben çekiciyim gibi. Sen tüm bu niteliklere sahipsin. Bu özellikleri deneyimlemek ve yeniden sahip olmak için yapman gereken tek şey bunları sahiplenmek ve benimsemektir. Unutma sen de başkaları kadar yeteneklisin. Ama buna inanmak için karmakarışık bir sürü savunma mekanizmaları geliştirdin. Unutma sen kendi içindeki güzelliği, zenginliği, çekiciliği kabul etmeden bunu dış dünyanda deneyimleyemezsin. Örneğin başarılı bir kişi olmak istiyorsun sen başarılı yanını kabul etmeden bunu deneyimleyemezsin. İyi yönlerini yansıttığın kişileri fark ettiğin anda hemen kabul et, sahiplen ve onlardan geri al. Örneğin zengin bir kişi seni heyecanlandırıyorsa hemen "Ben zenginim ve bu yönüme sahip çıkıyorum, onu geri alıyorum" diye tekrar et. Işığına sahip çık!

Şimdi ise tekrar aynanın karşısına geçmeni ve aynı şekilde nefes çalışmaları yaptıktan sonra "Sen ve ben biriz!" cümlelerini tekrar edip gözlerini kapatmanı istiyorum. Yine Boğaz'daki bu muhteşem yalıya gitmeni istiyorum. Bu yalının tüm odalarının kapılarının sonuna kadar açık olduğunu düşün. Mis gibi bir bahar kokusu yalının tüm odalarını sarmış. Yalının tam ortasında kocaman bir tahterevalli var. Derin bir nefes alıp tahterevallinin tam orasında durmanı istiyorum. Dengeyi tam sağlayana kadar. Unutma en karanlık yanlarından ne kadar korkarsan ışığından da o kadar korkarsın. Senin içinde altın olduğunu söylesem hemen karşı koyar, "Yok canım" dersin. Kabullenmekten, sahiplenmekten, gücünden korkarsın. Kahramanlara, ünlülere, zenginliğe bu kadar tapınmanın sebebi işte budur. Yaşam bir altındır ve altın karanlıkta bulunur. Sen şimdi bu tahterevallinin tam ortasında dengede kalmayı başarırsan işte altına ulaşacaksın. Çünkü artık tüm dünyanın senin içinde olduğunu kabul edeceksin. Burası çok önemli iyi dinle: Işığı büyük olanların gölgesine dikkat et. Bu kişiler sürekli ışığını artırmak için gölgesini bastırıp daha da büyütmüş olabilirler. Sürekli iyi olmaya çalışıp kötülüğü reddeden kişi içindeki kötülüğü kabul etmediği için daha da büyütebilir. Bunu kabul edip sahiplenmediğinde ise kötülük somut bir bedende gelip onu bulabilir. İşte bu yüzden ışığına ve gölgene sahip çık! Yaşamdaki herkes görünmeyen ağlarla birbirine bağlıdır. Herkesin seni etkileme potansiyeli olduğu gibi sen de küçücük bir değişimle herkesi etkileyebilirsin. Karamsar düşünmekten vazgeçip iyimser düşünmeyi seçmelisin. Yaşam hep ileriye, güzele, pozitif olana doğru akar. Biraz geçmişinize, tarihinize baktığınızda bunu çok daha iyi görebilirsiniz. Tarih sahnelerinde her kötü ve karamsar süreç ardından daha iyi ve güzel olan bir süreci doğurmuştur. Yeter ki artık diğerini ötekileştirmekten, kötülemekten ve yargılamaktan vazgeçip ışığınıza ve gölgenize sahip çıkın. Zihinlerinizdeki ötekileştirmeyi, bölmeyi, parçalamayı bitirmeden dünyadaki barışı da göremezsiniz. Evet şimdi bu bütünlüğü önce zihninde oluşturman ve dünya barışına katkıda bulunman için tahterevallinin tam ortasında durup dengeyi sağladığını hissettiğinde şunu söylemeni istiyorum: "Işığıma ve karanlık gölgeme sahip çıkıyorum. Onları yansıttığım tüm kişilerden geri alıyorum! Çünkü ben oyum! Tüm yansıttığım yanlarımı şefkatle kucaklıyorum ve kabul ediyorum. Ben dengedeyim! İyi kötü, güzel çirkin, korku sevgi, zenginlik fakirlik gibi tüm ötekileştirmelerin bilincimin derinlerinden gelen yansımam olduğunu kabul ediyorum. Dünyanın dev bir ayna olduğunu ve benim içimi yansıttığını artık biliyorum. Hak ettiğim ilişkiyi ve yaşamı deneyimlemek için; ben, benden yansıyan tüm parçalarıma sahip çıkıyorum ve tıpkı bir mıknatıs gibi bunları kendime çekiyorum. Ve şimdi merak ettiğim değil, ezberlerimi bozup olmak istediğim kişiye dönüşmeyi seçiyorum!

Peki aynada kendi çocukluğunuzla göz göze gelip gülümsemeye ne dersiniz o halde? Bu tekniği kendinizi iyi hissetmek için istediğiniz zaman istediğiniz sıklıkta kullanabilirsiniz. Artık elinizde özgürleşmek istediğiniz duygu ve düşünceden sizi kurtaracak güçlü bir silahınız var.

Aynada gözlerinin içine bakarak ve burnundan derin aldığın nefesini tutarak "Sen ve ben biriz" cümlesini birkaç dakika boyunca tekrar et. (Bulunduğun ortamda ayna yoksa karşında bir ayna olduğunu ve ona baktığını hayal edebilirsin.)

Seni rahatsız eden duyguya odaklanıp, bu duygunun içine gir. Gör gördüklerini, duy duyduklarını ve hisset hissettiklerini!

Aynada özgürleşmek istediğin duyguya bürünmüş kendi çocukluğunla göz göze geldiğini düşün. (Korkmuş, üzgün, utangaç, panik, öfkeli, şaşkın vb. hangi duygudaysan o çocukluğunu gör.)

Sana sürekli "Dur yapma!" diyen, kaygı ve korku fısıldayan içseslerden kurtulman için; aynada önce çocukluğunla göz göze gelmelisin. Çünkü korkan, kaygılanan, güvenmeyen sen değilsin, bu senin çocukluğun! İçindeki çocuğun elinden tutup ona destek olmalısın. Artık büyüdüğünü ve çocukluğundaki birçok sorunla baş edebileceğini ve yalnız olmadığını ona göstermelisin. Size, tüm terapilerin amacını kısaca şöyle açıklayabilirim: Adına "id" denilen ilkel ve doğuştan getirdiğiniz dürtüleriniz (yemek, cinsellik, susuzluk gibi temel arzu, haz ve istekleriniz) ile adına süperego denilen kısaca günlük hayatta vicdan dediğiniz aygıtın, çatışmalarına son verip egonun desteği ile orta yolu bulup anlaşmalarını sağlamaktır. Süperego suçlayıcı, yargılayıcı ve cezalandırıcı bir yapıdadır. Süperego kontrol edilmez ise utangaç, çekingen ve özgüven eksikliği olan birey meydana gelir. İd kontrol edilmezse bencil ve empati yoksunu birey oluşur. Ego ise id ile süperego arasında dengeleyici bir unsurdur. Terapilerdeki temel amaç da ego desteği ile id ve süperego arasındaki dengeyi sağlamaktır. Yetişkin bireyin bu dengeyi sağlayamamasının en büyük sebebi; sağlıklı yol gösterici, dengeleyici, rehber olabilecek bir ebeveyn tarafından büyütülmemesinden kaynaklanır. O halde sen şimdi aynadaki kendi çocukluğunla buluşarak onunla iletişime geçerek sağlıklı bir ebeveyn modeliyle ona yol gösterebilirsin. İçindeki çocuğun ihtiyaçlarını, ayıplarını, suçluluk duygularını ve arzularını senden daha iyi kim bilebilir? İçinde sana ait olmayan ailene ve yetiştiğin çevreye ait olan zaman zaman süpergonun zaman zaman da id'in bir sesi olarak duyduğun bu seslerden artık kurtulmalısın. İçinde sana ait olmadığı gibi gerçekçi de olmayan ve sürekli çatışan bu sesleri iyi bir orkestra şefi gibi artık ahenkle yönetmelisin. Kendini kötü hissettiğin anda kendini kötü hissedenin içindeki yalnız, üzgün ve korkmuş çocuk olduğunu kendine hatırlat. Aynada onun gözleriyle buluş ve onunla işbirliği yap! Örneğin çocuğunla yağmurda koşup ıslanmak istediğinde "Deli mi ne, koca adam çocuğu da hasta edecek kendisi de hastalanacak, akıl yok mu bunda diyecekler!" diye söylenen içsesini duyduğunu düşün. Aynada içindeki çocuğu görmeye çalış. Salıncağa binip eğlenmek isteyen çocuğun arzusunu gör! Aynadaki çocukluğunun bunu ne kadar çok istediğini gör ve onun bu arzusunu, sevincini, heyecanını hissetmeye çalış lütfen. Aynada göz göze geldiğin kendi çocukluğunla iletişime geç ve onunla sanki bir çocukla konuşur gibi sıcacık samimi bir sesle konuş: "Sen sallanmak mı istiyorsun? Senin eğlenmeye mi ihtiyacın var? Senin isteğinin farkındayım ve senin isteklerin benim için önceliklidir!" şeklinde onunla iletişim kur hatta onunla mümkün olduğunca şakalaş: "Evet sanırım biraz delilik iyi gelecek. Hadi biraz şımaralım ne dersin?" şeklinde cevap verip gülümse. Gülümseyerek, sanki içindeki çocuğu yağmurda koşturup ıslatır gibi sokaklarda koşup ıslandığını aynada görmeye çalış! Yüreğinde ise sevincini ve kendin olmanın mutluluğunu hisset! Küçük bir çocuk gibi kalbinin pır pır atmasına izin ver! "Merhaba yaşam, artık ben de varım!" diye haykır. Aynı şekilde eşinin içindeki çocukla senin içindeki çocuğun aynada birbirlerinin gözlerine baktığını düşün. Bu iki küçük çocuğun bir araya gelip eğlendiklerini, yaramazlık yaptıklarını aynada görmeye çalış. Çok iyi bir arkadaşın olduğu için onunla konuştuğunu, paylaştığını, öğrendiğini, eğlendiğini ve onu koruduğunu düşün. Üzüldüğünde, kırıldığında ona destek ol. Unutma onun da aynı senin gibi içinde anlaşılmayı ve sevilmeyi bekleyen bir çocuk var! Ve güzel olan onun içindeki çocuğu anlayıp iyileştirdikçe senin çocukluğun da iyileşecek ve kimsenin yakalayamayacağı, ele avuca sığmayan iki âşık bu yeryüzüne merhaba diye haykıracak! Yüreğinin sesini duy ve oyuna devam etmesi için elinden gelenin en iyisini yap! Onu anlamaya, onu hissetmeye çalış! Beraber bisiklete binin, piknik yapın, lunaparka gidin, konuşun, el ele tutuşun, top oynayın, yemek yapın! Tüm bunları ve gerçekleşmesini istediklerini önce aynanın karşısına geç ve orada gör. Daha sonra günlük hayatında bunların gerçekleşmesi için harekete geç ve bunun için elinden gelenin en iyisini yap! En yaratıcı olduğun ve mucizeye en yakın anların bu anlar olduğunu sakın unutma! Seni sebepsiz yere ağlatan, seni zaman zaman delice dans ettirmeye ve şarkı söyletmeye çalışan içindeki çocuk. İçindeki çocukla göz göze geldiğin anlar fabrika ayarlarına geri dönüp, ruhen rahatladığın anlardır. En önemlisi içindeki çocuğun uyanıp seni iyileştirdiği, adeta terapi ettiği anlardır. Unutma senin en iyi terapistin aynadaki aksindir!

Hadi şimdi aynadakine kocaman bir dil çıkar ve gülümse ona en içten kahkahalarınla!

İçinizdeki çocuk, Logos ve ruhunuzla oluşan evrendeki bu yeni üç kişilik hikâyenize hoş geldiniz! Siz özgür bir ruh olarak bu dünyaya geldiniz; büyümek ve büyütmek için! Yolunuz açık olsun o halde yeryüzünün yeşerip çiçeklenmeye hazır tüm tomurcukları!...

VAVEYLA: Bir dakika Logos sen yeryüzündeki tüm Vaveyla'lara seslenirken ben de istemeden kulak misafiri oldum ve seni yeniden büyük bir heyecanla dinledim. Aynada içimdeki çocukla dans edip şarkılar söyleyip öylesine bütünleştim ki anlatamam! Ama asıl söylemek istediğim bu değil. Bu değil! Bir şey, çok önemli bir şey oldu. Kahkahalarıma, heyecanıma, mutluluğuma engel olamıyorum, olmak da istemiyorum ki zaten! İçimdeki çocuk bana bir şey fısıldadı biliyor musun? Ama çok gerçekten çok önemli bir şey fısıldadı: Sen adeta bir bahar dalına dönüştün! Aman Allahım! Yaradan'ın aşkını yüreğinde öylesine derin hissediyorsun ki sanki hayatında ilk kez nefes almaya başladın. Bak aynada ne görüyorsun? Aynaya Vaveyla, lütfen aynaya, gözlerinin içine çok iyi bak. Aynada baharın gelişini kucaklayan yaşam enerjisiyle dolu capcanlı küçük bir kız çocuğu sana bakıyor. Görüyor musun Vaveyla beni görüyor musun? Benim sıcaklığım öylesine sarmış ki seni, bedenin artık bunu daha fazla taşıyamıyor ve senden tüm evrene yayılıyor! Bahar önce içinde başladı! Bundan böyle senin adın Bahar, evet evet Bahar olmalı Vaveyla! Sen değişime niyet ettin ve hayatına can kattın. Sen kâğıt parçalarının suda çözülmesi gibi zihninin eriyip yeniden şekillenmesine izin verdin. Sen günbatımını, mehtapta gezintiyi, sonbahar yalnızlığını, müziğin dilini, iyi geceler öpücüğünü, çaya batırılan bir parça bisküvinin tadını belleğindeki yaratıcı güç ile yeniden canlandırmayı seçtin. Eee ayna ayna söyle bakalım o halde; var mı bu dünyada senden daha yakını bana?

SON

Kaynakça

Çocukluk Sırları, Âdem Güneş
Gestalt Terapi, Doç. Dr. Canan Daş
Işığı Arayanların Karanlık Yanı, Debbie Ford
Jung-Kilit Fikirler, Ruth Snowden
Kırmızı Kitap, Carl Gustav Jung
Okyanustaki Su, Ahmet Durul
21 Günde Güç İçinizde, Louise Hay
http: //www.turkpsikiyatri.com/C17S1/insanIliskilerinde.pdf
http://www.agahaydin.com/